中华文明

国家卷

孔新峰 著

泰山出版社 · 济南 ·

图书在版编目（CIP）数据

小天下·中华文明. 国家卷 / 葛剑雄主编；孔新峰著. —济南：泰山出版社，2021.8

ISBN 978-7-5519-0627-2

Ⅰ. ① 小…　Ⅱ. ① 葛…　② 孔…　Ⅲ. ① 中华文化—青少年读物　② 国家—青少年读物　Ⅳ. ① K203-49　② D031-49

中国版本图书馆CIP数据核字（2021）第085164号

小天下·中华文明　国家卷

XIAO TIANXIA · ZHONGHUA WENMING　GUOJIA JUAN

策　　划　胡　威
主　　编　葛剑雄
副 主 编　谭好哲
著　　者　孔新峰
责任编辑　王艳艳
装帧设计　路渊源

出版发行　泰山出版社
社　　址　济南市泺源大街2号　邮编　250014
电　　话　综　合　部（0531）82023579　82022566
　　　　　市场营销部（0531）82025510　82020455
网　　址　www.tscbs.com
电子信箱　tscbs@sohu.com
印　　刷　山东通达印刷有限公司
成品尺寸　148毫米×210毫米　32开
印　　张　7.75
字　　数　160千字
版　　次　2021年8月第1版
印　　次　2021年8月第1次印刷
标准书号　ISBN 978-7-5519-0627-2
审 图 号　CS（2021）5058号
定　　价　36.00元

总序

这套丛书命名为《小天下》，自然是出于孟子的话："孔子登东山而小鲁，登泰山而小天下。"孟子的意思很明白，登高才能望远，才能望遍。就是孔子这样的圣人，也必须借助高度，才能超出正常视力的极限。如果只登上高度有限的东山，至多只能看到鲁国的全貌；只有登上当时人心目中的最高峰——泰山，才能阅尽天下。

时至今日，我们早已明白，孔子、孟子心目中的最高峰泰山离地球上的最高峰差距甚大，就是能登上珠穆朗玛峰，能看到的也只是地球这个"天下"的极小部分。只有登上宇宙飞船，并且还得借助特殊的工具，从外太空才能看到地球的全貌。但此话的哲理完全正确，古今不易。所以我们编这套丛书的目的就很明确——为我们的读者提供登上东山、泰山，以至珠穆朗玛峰的阶梯，使他们能不断扩大视野，一步一步“小天下”。

我们主要的读者对象，是高中生、大学生或相应文化程度的青年，也就是说，这套书是适合他们的阶梯。

“书山有路勤为径，学海无涯苦作舟。”韩愈这两句话流传了一千多年，一直是激励青少年刻苦求学的名言。但到了今天，光靠勤和苦已经攀不上书山，渡不过学海了。因为这座书山过于高大，并且每时每刻在增高扩大；这片学海过于浩瀚，并且分分秒秒在拓宽加深。如果一味只讲勤和苦，以一个人有限的时间、精力和生命，也许只是在山麓徘徊，在海滨徜徉。唯有找到了阶梯，又具备攀登的实力；发现了渡船，又有了正确的导航；方能如愿以偿，接近顶峰，靠近彼岸。

人类积聚到今天的全部知识和学科，基本可以分为两类——人文和科学。我们提供的阶梯也就包含这两个部分，有的书侧重于人文，有的书基本内容是科学，有的书两者兼顾。但无论哪一种，都不是哪一门学科知识的简单延伸或扩展，都不是某门课的教学辅导书或什么解题宝典，而是人文与科学的结合。我们的读者，无论他们今后从事何种工作，选择什么专业，发挥哪方面的作用，在社会上处在什么地位，都需要奠定这两方面的基础。就人文而言，重要的是通过哲学、历史、文学、艺术、美学等学科的学习，确立基本的价值观念、审美情趣、生活方式、理想信念，而不仅仅是具体的知识。就科学而言，重要的是通过对自然科学、社会科学主要领域的学习，掌握基本的逻辑推理、归纳综合、分析思维的能力，而不仅仅是具体的概念。

正因为如此，我们的选题并不对应于高中、大学的课程，也不求覆盖全部学科，而是选择了一些关键性、综合性，特别是我们的读者最需要的一些专题，陆续出版。首批的各卷分别是国家、民族、军事、商业、思想、文学、艺术、民俗，后续各卷将分批出版。“小天下”的阶梯将不断升高，不断增宽。

我们的作者都是优秀的学者、教师，尽管他们自己未必已达到一流水平，但要求他们必须应用本专业、本领域的一流成果、权威结论。还要求他们用读者喜爱的表达方式、能明白的语言，像老师与同学们谈心聊天那样来写这套书。我们更希望在这套书问世以后，作者能走进校园，走向社会，与读者们交流，了解他们的需求，听取他们的意见，不断修订完善，使“小天下”的阶梯愈益精良坚实，也使阶梯的使用者持续增多。

葛剑雄

目录

绪　论

亲爱的读者：

您打开这本小书，读到这第一页。当此之际，我要感谢您。

感谢您选择了读书。现在这个年头，信息来源太多，知识介质太多，学业职业事业羁绊太多，各种新潮的速成的学习方式更是层出不穷。能静下来，安安稳稳地拿本书读上一个半天，挺复古，也挺不容易。

感谢您选择了读这本书。现在这个年头，不比古代甚或四十多年前，坊间的图书变得很多，但精神产品未必已经“极大丰富”，“开卷有益”的古训也未必都能够灵光。这是场邂逅，我希望它是美丽的；这是份信任，我希望它是可靠的。

您手里的这本小册子，我把它定位为一幅导览图；正敲下这句话的这个人，把自己定位为一个绘图者，最好同时也能有幸让这幅导览图有形有声有色有温度，最好能让这位绘图者同时成为一名勉强称职的“导游”。

那么，我们即将游览的“景区”是什么呢？是古代中国国家。

关于“古代”与当下的鸿沟，有句英文谚语说得极好：The past is like a foreign country（往昔年月一如他乡异国）。由于其间横亘着漫长的岁月以及由此带来的巨大的文化乃至语言差异，对于现代人而言，若想对历史特别是古代史达成较为真切的了解，其难度之大不亚于突然被“掷入”一个全然陌生的国度之中。对于专业历史学家而言，对往昔事物进行研究审视，已然具有极大的难度。而对于并无术业之专攻的普通人来说，更绝不存在所谓“穿越”文学与影视作品中常见的那种景观：对历史脉络略知一二的主人公，竟然可以在古代纵横四海、大杀八方、闲庭信步、英姿飒爽。纵有再强的求生欲，恐怕也很难保证男女主角们在真实的历史活剧中多活上几集。

“造访”古代，当然不是为了实现更好的“穿越”，而是为了提升我们现代人的生命品质，更好地回答“我们从何而来、我们现在何处、我们去往何方”这样的“大哉问”。而“造访”古代中国国家，也断然不是为了发一发思古之幽情，不是为了开历史的倒车，走上形形色色的“复古”之路，而是为了在中华民族伟大复兴战略全局和世界百年未有之大变局中，把我们当下的中国国家建设得更为美好，亦即将中华人民共和国建设成为富强、民主、文明、和谐、美丽的社会主义现代化强国。

另外，之所以需要“造访”古代中国国家，还因为国家在中华文明中，扮演着较之其他文明而言显著重要的角色。不妨参考哈佛大学终身教授、美国中国近现代史研究领域的泰斗费正清先生的睿见：“在有文字记史时代之始，中国人已经达致某种程度的文化同质性以及与外界隔离的连贯性。这是别处都没有的。而农业、工技、商业、军事、文学、宗教、艺术等各方面的活动，都以整体中从属分子的姿态一同配合。”[①] 而“国家自始就是中国社会的中心力量，而楷模行为、仪礼、道德、教化在中国从来都被认为是治理的手段”[②]。

在中国特色社会主义进入新时代的今天，面对中华民族伟大复兴战略全局与世界百年未有之大变局，紧迫时势需要当代国人的“国家常识”，求真之德呼唤当代国人的“国家常识”。而同样不言而喻的是：从每一位公民同胞个体的生命舒展看，美好生活期待当代中国的“国家常识”。问题在于，如何搭建

① [美]费正清：《费正清论中国·中国新史》，正中书局，1994，第 44 页。

② 斯图亚特·施拉姆语，转引自[美]费正清：《费正清论中国·中国新史》，正中书局，1994，第 44 页。

此种“国家常识”的开展框架。

人们往往将国家归入“制度研究”的对象之列。然而，正如清华大学历史学家侯旭东先生所见，“带有本体论意义的制度是20世纪以后的产物，独立的制度史（当然这是一个很简化的说法），是这种制度观的一个历史投影。如果要研究古代的制度，首先需要返回古代的语境中，回到人和事的关系里去认识制度的实态及其变化。从某种意义上来说，我们至少应该回到杜佑的立场，要把人和事重新纳入制度的研究中，如此才能更好地认识古代的历史”①。侯先生的观点，不独对于反思古代国家研究有振聋发聩之功，对于构建当代中国“国家常识”亦具有极其重要的方法论意义。

有别于只看重静态制度的单一分析方式、“政治软件（文化）—政治硬件（制度）”的二分法、“政治策略—政治制度—政治认同”的三分法，笔者在写作本书时，赖以借鉴的“国家常识”分析框架，主要来自我国著名（尽管其重要性目前还远远被低估了）政治学家浦薛凤先生（1900—1997年）的五分法，即“政治现象—政治人物—政治观念—政治制度—政治势力”的分析框架。

① 侯旭东：《“制度”如何成为“制度史”》，载阎步克、邢义田、邓小南等：《多面的制度：跨学科视野下的制度研究》，生活·读书·新知三联书店，2021，第200页。

浦薛凤引申孙中山先生的“政治”概念，认为“‘政治’云者，乃指一切共同事务之有组织的管理——凭借若干强制力量，依照若干流行规律。所谓强制力量，乃指一切有形、无形、直接、间接的力量；所谓流行规律，包括成文法规与流行习惯。……乃是政治学所应研究之独占领域，初不因与宗教、哲学，或与法制及经济等关联而丧失其独立地位”[①]。在浦薛凤看来，政治包括五项要素，即政治现象（治乱兴亡）、政治观念、政治制度、政治人物及政治势力：[②]

（1）“‘政治现象’系指一切情形、状况、活动、经过，亦即一切政治事实。”“一部政治历史，就是一部政治现象史，可惜史书所载，不仅不尽不实，其中往往包括许多虚妄欺骗。过去之政治史料固不可尽信，即眼前发生之事故亦难知其详实情形。”政治现象实际上是由后四项政治因素所决定的。

（2）“‘政治人物’乃指参与政治之份子。治者与被治者、个人与团体、种族与民族、领袖与群众，均属政治人物”，而由于先天、后天因素，导致“实际上人人必不全同，人人并不平等（法律之前，人人平等，此系另一问题）”。政治人物离不开“德”“能”“智”三要素。三者之中，“德”最重要，主要指“秉公去私贯彻法令”；“德”的形成，全靠修养；修

① 浦薛凤：《政治文集》，台湾商务印书馆，1981，第3页。

② 参见浦薛凤：《政治文集》，台湾商务印书馆，1981，第5-9页。

养的着力点，恰在学习历代名臣嘉言懿行。

（3）“关于‘政治观念’，有两点值得牢记。”其一，“现实政治，不知不觉之中，与传统流行之政治观念息息相关，而政治社会之剧变，必先有政治观念之改革”；其二，“政治观念，大体可分论辩（即对于现状之维护、攻击或改造）及解释（即对于政治之来龙去脉加以说明），准确无讹之解释即是隶属于定律层域”。

（4）“‘政治制度’有成文、不成文两类。一切法律属于制度此一因素，制度是人群共同事务管理之工具，其功用端在规定手续程序、解决纠纷争执、分配权力职务、安排进退升降。纸面上之制度可能与实行中之制度，大有差别，制度而不合环境之需求，自必产生流弊，终受废弃。”

（5）“‘政治势力’乃是影响制度、更变观念、左右人物及支配现象之一切力量，或为有形（如枪、刀、陆海空军），或为无形（如天时、地利、人和，或风气）。”浦先生特别指出：“古今中外之统治阶级大抵专重有形力量而忽略无形力量，殊不知无形的政治势力，更难培植，更为重要。例如政治风气，看不见，摸不着，却在支配着政治制度之运行，控制着一般人众之趋向。政风好则大家守法奉公，政风坏则到处受贿行私，一国政风之良窳（yǔ）实为其治乱兴亡之重大关键。”政治制度与政治人物分别看重“法”与“人”，各有得失。

人治法治之外另有其条件；人治法治之间也有其关联。这种“条件”与“关联”正是作为“政治势力”重要组成部分的“政治风气”（相当于当下中国人常用的“政治生态”）。民主首重法治，法治之流行，与其说是基于条文制度，不如说是基于无形风气。

有心的读者不难发现：浦先生的政治五要素之中，“政治现象”约略相当于我们日常观察所见所闻所切身感受到的国家事务；“政治观念”约略相当于影响当下国家运行的古今中西思想资源及现实论辩；“政治制度”约略相当于国法党规等“显规则”以及日常政治惯例等；“政治人物”约略相当于所有主动或被动卷入国家事务的人民群众，并在当代中国语境下特别指向各级“干部”；“政治势力”约略相当于足以带来实质性政治影响力的武力、财力、智力乃至组织生态等因素，实则更加强调了静态国家制度的“动态呈现”。[①] 这种“五分法”可谓深得中国国家传统的奥义，对于我们搭建中国国家“常识”谱系而言可堪大用。而我们开展这种国家常识重建工作的基本方法，恰恰是历史的方法，亦即从五千年中华国家史中提炼概括出中国传统国家的基本特质。在本书的第二章，我们将简单介绍古代中国国家的发生发展脉络；本书第三章及第

① 参见［美］戴维·蓝普顿：《中国力量的三面：军力、财力和智力》，姚芸竹译，新华出版社，2009。

四章，将分别介绍古代中国国家在治理体系与治理能力上的主要特征；本书第五章，将阐析古代中国国家治理的若干思想遗产；本书第六章即终章，则将简述中国国家从传统走向现代的演进历程。第二章和第六章，侧重呈现浦薛凤所言的“政治现象”；第三章侧重呈现浦薛凤所言的“政治制度”；第四章侧重呈现浦薛凤所言的“政治势力”及“政治人物”；第五章则侧重呈现浦薛凤所言的“政治观念”。

中国拥有悠久的国家治理传统。而此种传统中饱含着足资当代社会主义中国治国理政借鉴的宝贵思想、组织与制度资源。习近平总书记高度强调从历史中汲取治国理政智慧，他曾多次指出：历史是最好的教科书；历史研究是一切社会科学的基础；一个民族的历史是一个民族安身立命的基础；设计和发展国家政治制度，必须注重历史和现实、理论和实践、形式和内容有机统一……不能割断历史，不能想象突然就搬来一座政治制度上的“飞来峰”。历史总是向前发展的，我们总结和吸取历史教训，目的是以史为鉴、更好前进。习近平总书记在一系列重要讲话中，对五千多年中华文明史与中国特色社会主义道路之间的关联问题再三点明。2020 年 9 月 22 日，他在教育文化卫生体育领域专家代表座谈会上指出，要深入研究中华文明、中华文化的起源和特质，形成较为完整的中国文化基因的理念体系。切中肯綮地指明了构建中国特色、中国风格、中国气派哲学社会科学的前进方向，点出了推进学科体系、学术体系、话语体系建设的关键环节。2021 年 3 月，他在福建考察时指出，我们走中国特色社会主义道路，一定要推进马克思主义中国化。如果没有中华五千年文明，哪里有什么中国特色？如果不是中国特色，哪有我们今天这么成功的中国特色社会主义道路？我们要特别重视挖掘中华五千年文明中的精华，弘扬优秀传统文化，把其中的精华同马克思主义立场观点方法结合起来，坚定不移走中国特色社会主义道路。

重访历史中国，重建国家常识。读者朋友们，且让我带您走进这场古代中国国家之旅。

第一章

当我们谈国家时，我们在谈什么？

第一节　国家何为？

马克思

19世纪50年代，马克思在《〈政治经济学批判〉导言》中指出："我们越往前追溯历史，个人，从而也是进行生产的个人，就表现为不独立，从属于一个较大的整体……人是最名副其实的政治动物，不仅是一种合群的动物，而且是只有在社会中才能独立的动物。”[1]讨论人的社会性也好，政治性也罢，实际上讨论的是形形色色的人类组织。而最近几千年影响人类发展至深至巨的人类组织，非国家莫属。对于现代人而言，“国家”实在是一个耳熟能详的词汇。毫无疑问，今日之世界，乃是由国家组成的世界。近二百个国家，莫不在其统辖范围或所谓“领土”中拥有所谓“主权”。美国学者罗伯特·赖特曾在其著作《非零年代：人类命运的逻辑》中指出：“公元前 1500 年，地球上有大约 60 万个自主政体。经过无数次合并与征服之后，今天地球上有 193 个自主政体。”一个非常明确的趋势是：在我们生存的这个星球之上，政治共同体的数目越来越少，人口数量越来越多，政治共同体的规模越来越大、力量越来越强。

那么，到底什么是“国家”呢？换言之，当我们说到“国家”时，我们究竟在说什么？

不妨打开最新版的《现代汉语词典》（第 7 版）一观。该词典对于“国家”的定义是：

> （1）阶级统治的工具，同时兼有社会管理的职能。国家是阶级矛盾不可调和的产物和表现，它随着阶级的产生而产生，也将随着阶级的消灭而自行消亡。（2）指一个国家的整个区域。

① 中共中央马克思恩格斯列宁斯大林著作编译局编译《马克思恩格斯选集》第二卷，人民出版社，2012，第 684 页。

这里的“国家”定义，恐怕太过于简明了。其中第一个义项，实际上强调的是马克思主义国家观的两个重要维度：一是国家兼有阶级性与公共性，同时具备阶级统治和社会管理职能；二是国家不是从来就有的，也不会永远存在。而其第二个义项，实际上指的是现代国家行使主权的空间范围，亦即所谓“领土”。

《辞海》(第7版)的“国家”词条，要比《现代汉语词典》全面很多，且更能体现出传统中国的特色：

(1)“国家是阶级的统治机关”(《列宁选集》第3卷第114页)。掌握在经济上占统治地位的阶级手中。包括国家立法机关、行政机关、审判机关、检察机关、军队、警察、监狱等，是统治阶级行使权力的工具。国家不按血缘关系，而按地区划分和组织它的国民。国家是国际法的主体，在国际法上享有权利和承担义务。国家是一个历史范畴，在经济发展到一定阶段而使社会分裂为阶级时产生，是阶级矛盾不可调和的产物和体现。国家的基本职能因其性质不同而不同。现代国家日益承担发展生产力，组织或促进社会经济、政治、文化、环境建设等任务。在社会生产力高度发展的基础上，随着世界上私有制和阶级的彻底消灭，国家将因其丧失作用而逐步消亡。(2)世界上各个有疆域、人民、独立地位和主权的不同于地区的政治实体。现代国家一般为联合国承认。(3)中国古代诸侯封地称国，大夫封地称家。《孟子·离娄上》：“人有恒言，皆曰天下国家。天下之本在国，国之本在家。”赵岐注：“国谓诸侯之国，家谓卿大夫家也。”（4）指皇帝。《晋书·陶侃传》：“侃厉色曰：‘国家年小，不出胸怀。’”国家，谓成帝。

应该说，《辞海》给出的“国家”概念是颇为精准的。其第一个义项，实际上是对于马克思主义国家观的全面归纳。对此，笔者完全赞同、深表服膺。其第二个义项，则体现出各国学术界在求同存异之后较为一致的国家观念，强调现代国家的若干要件，即疆域、人民、独立地位和主权以及国际法地位，这也体现出我们在日常语言中最为常见的对于“国家”的使用方式。其第三个义项，体现出中国传统“国家”一词的独特属性，有人也将其称为“家国一体论”或“家国同构论”，对此我们将在本章第四节（“国”与“家”）进行专门的剖析。其第四个义项同样来自古代中国，尽管使用次数极其有限，但“国家”确实如同“公家”“政府”①“当局”一般，指向当下

① 当然，如果详细探究，国家与政府在以下方面存在着重大差异：（1）全局与部分：政府在狭义上被理解为“行政机关”，从而只是各类国家机关的一类；（2）恒久与短暂：政府如果被理解为“国家当局”，则毫无疑问会周期性或突发性地产生变动，而国家则一般不会随着特定当局的下野而终止；（3）非人格化与人格化：政府往往被理解成具体的施政团队，而国家则是普遍化或非人格化的制度丛集；（4）公共性与党派性：国家兼有阶级性与公共性，但西式选举政治之下的政府往往由特定阶级、阶层或利益集团的代理人充任。

真实、具体掌有和行使最高政治权力的机构乃至个人，且在我们的日常语言之中多少仍有所体现。

到底何谓国家？讨论了这么多，读者可能还是未能完全理解。大家很可能只是关注到“有疆域、人民、独立地位和主权的不同于地区的”具体的“政治实体”，特别是包括我们的祖国中华人民共和国在内的193个联合国成员国①。这些国家，在自然景色、风土人情、政法制度、经济社会发展水平等方面各不相同，而使得它们均成其为“国家”的，正是疆域、人民、独立地位和主权等要素。但是这些共同要素，乍看起来还是过于抽象了。如果我们从这些“国际”社会主体所秉持的立国精神和发展目标来做界定，则更容易陷入芜杂歧异的多元价值丛林。

马克斯·韦伯

那么，有没有更为本质性和辨识度的国家核心要素呢？幸运的是，现代社会科学的学者们为此做出过前赴后继的探索，并由一位叫作马克斯·韦伯（1864—1920年）的伟大的德国社会学家，做出过最为精准的

① 此外，联合国还有两个观察员国，即梵蒂冈和巴勒斯坦。

阐发。根据韦伯的研究，国家即“在特定领土上（成功）垄断了暴力之正当使用的人类共同体”（“a human community that [successfully] claims the monopoly of the legitimate use of physical force within a given territory”）①。可见，韦伯的这一界定是从“垄断正当使用暴力之权”这一工具指标入手，切中肯綮地把握住国家的核心特征。国家本身不是目的，而只是达成目的的手段。换言之，欲了解“何谓国家”，一定要先把握“国家何为”！实际上，颇受韦伯影响的德国公法学家卡尔·施米特（1888—1985年），也秉承了这种极具现实感和工具性的视野，于1932年将“区分敌友”作为“政治的概念”——所谓政治，就是国家之间的生存冲突，就是对敌友关系的划分。实际上，卡尔·施米特对中国人民的伟大领袖毛泽东同志的思想颇为称羡，并在其1963年的著作《游击队理论——政治的概念附识》中向毛泽东思想直接致敬。而当代中国人大多熟知的毛主席的以下两句著名论断，可以说有力证明了为何应从“国家何为”理解“何谓国家”，以及为何应从战争状态理解国家状态：1925年12月1日，毛泽东在《革命》半月刊发表了《中国社会各阶级的分析》一文，该文开宗明义地指出：“谁是我们的

① Max Weber, “Politics as a vocation”, in From Max Weber: *Essays in Sociology*, eds. and trans. by H. Gerth and C. Wright Mills, New York: Oxford University Press, 1946 [1919], p. 78.

敌人？谁是我们的朋友？这个问题是革命的首要问题。”1927年3月，毛泽东在《湖南农民运动考察报告》中指出：“革命不是请客吃饭，不是作文章，不是绘画绣花，不能那样雅致，那样从容不迫，文质彬彬，那样温良恭俭让。革命是暴动，是一个阶级推翻一个阶级的暴烈的行动。”

按照上述韦伯式定义，“国家”本身便是一个不折不扣的现代事物。西方政治学界有这样一种共识：国家，并非地理或文化概念，而是制度概念，是西方近现代发展出的一种政治组织形态及其崛起的有力制度依托。综合西方学界的权威论述，除了韦伯的上述经典概括之外，“（现代）国家”还具有如下要件：

> （1）在时空上具有广延性；（2）在机构上具有相对于统治者与被统治者，以及相对于立法、行政、司法、军队等组成部门的超越性；（3）政治组织性：在特定领土上建立起层级制的权威体系，实行直接和属地化的统治，可以在行政与司法上有效地涵盖和渗透社会；（4）权威性：在领土上享有（长期以来一向如此，但当代有所松动的）排他性的、不可分割和不可让渡的主权，突出体现为马克斯·韦伯所言的“实现对正当使用暴力之权的垄断”；（5）效忠性：亦即具有有效获取国

民支持、建立国家认同的动员与濡化能力。[①]

著名社会学家华勒斯坦曾在《开放社会科学：重建社会科学报告书》中，将政治学列为社会科学的核心学科。他追溯了15世纪以来随大学兴起而出现，并在1850年到1914年期间臻于成熟的现代知识分类，即人文、社会科学与自然科学分类，进而对社会科学内涵做了分析。从知识论与方法论的角度来说，社会科学包含三个基本学科：经济学、社会学与政治学，分别研究人类社会活动中最重要的三个方面——市场、社会与国家。从学科逻辑角度，历史学可被看作是对过去发生的政治、经济与社会现象的研究，人类学可以被视为对欧洲人之外落后部落市场、社会或统治的研究，而东方学则是对那些较发达的非西方国度诸方面的研究。根据华勒斯坦的分析，社会科学的三个基本学科与三个派生学科构成19世纪中叶以来西方社会科学的基本分类模式，并随着西方影响向全球的扩展而成为世界性的标准。

这样一种“现代”社会科学的建制，实际上隐含着一种根深蒂固的西方中心主义假定。“国家”遂被视为完全产生于

① 上述概括主要依据：Chiristopher W. Morris, “The Modern State”, in Gerald Gaus & Chandran Kukathas eds., *Handbook of Political Theory*, Sage: 2004, pp. 195-209. 以及Patrick Dunleavy, “State”, in *A Companion to Contemporary Political Philosophy*, eds. by Robert E. Goodin and Philip Pettit, Oxford: Basil Blackwell, 1993, pp. 611-21.

现代西方的一种政治组织形式。这么一来，我们若是讨论“中国国家史”，便会经常陷入这样一种根本性的质疑：您讲的究竟是“中国的国家史”，还是“国家在中国的历史”？倘若是前者，则意味着中国自身具有源远流长且自成一体的、并非完全从西方舶来的国家发展史；倘若是后者，则意味着古代中国并没有西方现代意义上的国家，现代中国开始有所谓“国家”，纯粹是不到二百年来主动或被动向西方学习的产物。本书坚决采取前者的看法，致力于挖掘源远流长且自成一体的中华国家传统。任何一个视力正常的人都可发现，若是对勘前文提到的韦伯式国家定义乃至广延性、超越性、组织性、权威性、效忠性等学界标准，我们的中华国家无不若合符契，堪称相当早熟，着实在国家建设中拥有某种“前现代”的“现代性”。

第二节 “国”字溯源

经过上一节的导览我们可知：要想理解“何谓国家”，先要搞清“国家何为”。而若想饱览“古代中国国家”这一“5A级景区”盛景，首先还需对古代中国人所认知的“国家”拥有较为真确完备的认识。

1936年4月18日，读完沈兼士寄来的论文《“鬼”字原始意义之试探》后，我国史学大家陈寅恪先生回函赞曰：“依照今日训诂学之标准，凡解释一字即是作一部文化史。中国近日著作能适合此定义者以寅恪所见，惟公此文足以当之无愧也。”[①] 我们完全有理由讲，解释“国家”一词，也是去作一部文化史。笔者从本科到博士一直学的是政治学理论特别是西方政治思想史，结束学生时代、开启教师生涯以来，虽对中国政治思想史与政治制度史颇多用心，但毕竟不是中国史科班出身，因此只能不揣鲁钝，将中国“国家”文化史的荦荦大者略做讨论，权作中国古代国家导览之旅的铺垫与热身。

传世文献中，“中国”一词首见于《尚书·梓材》：“皇天既付中国民越厥疆土于先王，肆王惟德用，和怿先后迷民，用怿先王受命。”

您是不是觉得都是中国字，为啥傻傻看不懂？不急，请看两位大学者顾颉刚和刘起釪先生的白话译文：“皇天已经把中国人民和这一大片土地付与我们的先王，所以我王呀，您也唯有用了德行来和悦那些前前后后受了迷惑的殷民，用来安慰那

① 沈兼士：《沈兼士学术论文集》，葛信益、启功整理，中华书局，1986，第202页。

受天大命的先王的神灵。”[1]

两位先生的译文，直接把“中国”保留了下来未加转译，甚至指称“中国民”为“中国人民”，其实是有问题的。作为你们的导游，我觉得以两位先生之才，或许是因为他们觉得（古籍中的）“中国”不需解释，但对于今天的普通读者而言，古籍中的“中国”乃至“国”字的含义，却不能因为少数学者的“习焉不察”而想当然地以为无需解释。究竟何谓“国”，何谓“中国”，古今含义差别巨大，却实在是兹事体大，不可不察。

不妨继续列出较早出现“中国”一词的传世文献，如《诗经·大雅·民劳》：“民亦劳止，汔可小康。惠此中国，以绥四方。”

陈子展先生的白话译文是：“人民也够劳苦了，庶几可以稍稍安康。爱抚这些在国中的，以绥靖天下四方。”

“小康”在当代我们国家的政治语言中，是一个高频出现的词汇。2021年，我们全面建成了小康社会。大家可能还知道，在《礼记·礼运》篇中，“小康”指的是私有制、世袭制的社会形态，从价值理想层面毫无疑问低于“大同”社会。而上述引文中的“小康”，其实指的是“较为安稳康泰的状况”。而

① 参见郭永秉：《九个汉字里的中国》，上海文艺出版社，2019，第25-58页。

“中国”指的不是作为现代意义上“国家”的中国，而是指与“四方”（东西南北方位的华夏族群，亦即“诸夏”）相对的、处于“天下之中”的“国”，实际上指的是“京师”。因此，陈子展先生干脆把“中国”翻译成“国中的”，其实很中肯。

何尊

传世文献之外，“中国”在出土文献中最早出现于何尊。何尊是我国首批禁止出国（境）展览文物、国家一级文物，是西周早期一个名叫“何”的宗室贵族所作的祭器。1963 年出土于陕西省宝鸡市宝鸡县（今宝鸡市陈仓区）贾村镇，收藏于宝鸡青铜器博物院。何尊内底铸有 12 行、122 字铭文，其中出现了“宅兹中国”这一表述。成王五年（前 1038 年）四月，周王室开始在东方营建都城，这便是有别于周原都城镐京（又称宗周）的洛邑（又称成周）。周王于丙戌日在京宫大室中对宗族小子“何”进行训诰，内容讲到“何”的先父公氏追随文王，文王受上天大命统治天下。武王灭商后则告祭于天，以此地作为天下的中心，统治民众。周王赏赐“何”贝 30 朋，“何”荣幸不已，因此铸造此尊，以作纪念。铭文提到周武王在世时，决定建东都于洛邑："隹（唯）武王既克大邑商，则廷告于天曰：余其宅兹中或（國），自之乂民。"（大意：周武王率众击败大国殷商之后，行廷告之礼，向授予周人天下共主地位之"大命"的上天汇报。武王指出，他打算于天下之中的区域建都，并从那里统治天下生民。）

《诗经·小雅·北山》有云："溥天之下，莫非王土；率土之滨，莫非王臣。"周人秉持的天下观，呈现为一种"中国"加"四方"（也称"四国""诸夏"）的空间结构。"中国"的本义，其实就是居于天下之中的区域。这一"天下之中"的区域，古人认为是伊水洛水之间的平原，从"中国"运作经略天下，在贡赋及统御等方面是便利的和经济的，那便是《史记》所称的"四方入贡道里均"。同时，"中"字在中国文化基因中具有极高的地位，不仅是因其空间方位意象，更是因"时中""中庸"理念而具备"至高德性"的意涵，并进一步获得了"正统"的意涵。苏东坡《追和子由去岁试举人洛下所寄诗五首》云："洛邑从来天地中，嵩高苍翠北邙红。"而陈寅恪先生关于北朝汉族人"认庙不认神"的比喻，亦足可印证"中国"正统观念之于古代中国国家治理的重要和持久价值。在陈寅恪先生看来，前秦帝王苻坚之所以坚持南伐，其原因在于：

> 在我国历史上，统一不能从血统着手而要看文化高低。文化低的服从文化高的，次等文化服从高等文化。而

文化最高的是汉人中的士族。要统一汉人和各种不同的胡人，就要推崇汉化，要汉化就要推崇汉人，而推崇汉人莫过于推崇士族。当时中原衣冠多随东晋渡江，汉人正统似在南方。如果不攻取东晋南朝，就不能自居于汉人正统的地位，也就不能降服鲜卑等族，且汉人也有离心的倾向。只有攻取东晋，推行汉化，方可统一胡汉。[①]

洛阳为东汉、魏、晋故都，北朝汉人有认庙不认神的观念，谁能定鼎嵩洛，谁便是文化正统的所在。正统论中也有这样一种说法，谁能得到中原的地方，谁便是正统。如果想被人们认为是文化正统的代表，假定不能吞并南朝，也要定鼎嵩洛。当然，单是定鼎嵩洛，不搞汉化也不行。孝文帝迁都洛阳，厉行汉化，其目的正在统一胡汉，确保北魏统治。[②]

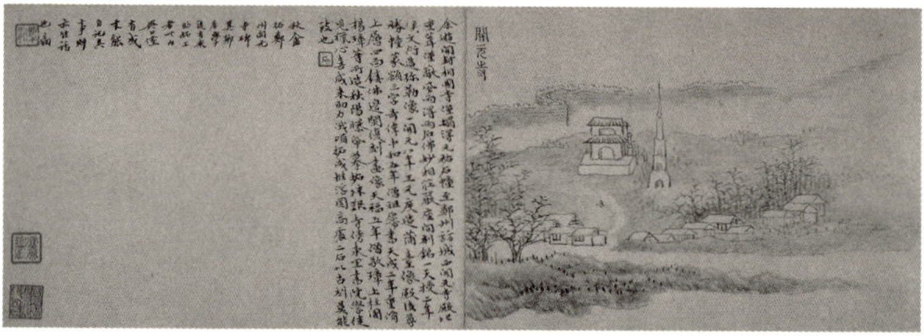

清　黄易　嵩洛访碑图

① 陈寅恪:《魏晋南北朝史讲演录》，万绳楠整理，黄山书社，1987，第230页。
② 陈寅恪:《魏晋南北朝史讲演录》，万绳楠整理，黄山书社，1987，第234页。

总之，前引古典“中国”中的“国”字，与其说是“国家”，不如说是“地域”“城邑”之义。[1]您或许听说过西周晚期周厉王统治时期发生的“国人暴动”，但这里的“国人”，指的并不是“全国之人”，而是特指居住在京畿都城之中的贵族与平民。欧阳修曾在《醉翁亭记》里说，“环滁皆山也”；我们同样可以说，“环国皆野也”，“国”本来就处在“四野”的包围之中。实行分封制的周朝，在王畿和各诸侯国都有“国”（国城及近郊）“野”（国之外的土田）对立的体制。“国人”大致是统治阶层及平民，“野人”则是被征服及被统治者，“中国”则是指位于“天下”最当中、被四方拱卫的城邑和区域。

从“国（國）”的构字方式上看，根据古文字学家的研究，“國”字本来写作“或”，加了四围之“口”的“國”字出现得较晚。“或”最初是一种兵器的象形字。这种兵器“简单说，就是一种加了戈柲的管銎斧”，早期只是被写成“左口右戈”，而并无左边“口”（象征着脱落的圆圈斧形）字上下方的两条短线（有时甚至会在上下左右均加上横竖短线）。左边的“口”用来表示人居住的区域，而其周遭的短线则用以指示域界的符号。这样一来，“或”日渐脱离了作为一

① 参见郭永秉：《九个汉字里的中国》，上海文艺出版社，2019，第30页。

种兵器的原始和象征意涵，获得了“区域”“封邑”之类的次生和会意意涵。因此王念孙曾指出：“或、域、国三字，故声义并同。”郭永秉教授指出：“把老百姓限制在一个范围之内（例如有城郭的邑）加以治理，这个动作也是‘域’，所域之地自然也就是城邑义的‘域’或者‘国’了。因此从概念和语言上讲，‘国’可以肯定是比较晚起的、从‘域’当中派生出来的一个词。”[①]

作为主权和领土意义上的国家的“国”，本来多称为“邦”，其语源来自“封”，指的是具有较为确切之国境范围、领土标志（如“封树”和东西南北“四至”之类）分封的诸侯国家，即“封邦建国”的“封邦”。西汉建立后，为了避汉高祖刘邦的名讳，逐渐用“或/國”这类字将“邦”取而代之。

第三节　“国”与“城”

上一节，咱们讨论了“国”的字形字义在我国古文字历史中的变迁，澄清了“区域—城邑”这一古代“国”字的核

① 郭永秉：《九个汉字里的中国》，上海文艺出版社，2019，第45页。

古希腊城邦遗址

心意涵，特别是作为“中央区域”的“中国”古义。本节，我将带您从中西政治文明的对照之中，一探“国”与“城”的复杂关联。

关于西方政治文明的一个常识是：“政治”也好，“文明”也罢，都离不开“城市”。首先，英文中的“政治”（politics）一词本身，便起源于古希腊的“城”邦（古希腊文的英文对译是 polis，现代学者将其称为“城［市］国［家］”city-state）。其次，现代政治生活中的诸多关键概念，如“公民/市民”（citizen）、“文明”（civilization）、“市民社会”（civil society）等，也都起源于古罗马的“城”（civitas）。

在此，我们不妨详细讨论一下“文明”一词。北京大学李零教授指出：“文明”是个文化概念，而非种族概念。[①] 英文中的 civilization（文明）一词跟“归化”有关。civil 是一个含义非常复杂的词汇，如“城市的”“市民的”“公民的”“和平的”“文官而非武夫的”“秩序而非无序状态的”“世俗（非宗教）的”“本国的”“有礼貌有教养（斯文、开化）的”，等等，不一而足。其最早的渊源，乃是拉丁文中的“civitas”（城市）。而 civilization 一词的词尾“-zation”，则表示“化”，即转化成为“城市的”“市民的”“公民的”“和平的”“文官而非武夫的”“秩序而非无序状态的”“世俗（非宗教）的”“本国的”“有礼貌有教养（斯文、开化）的”，等等。civil（文明的）的反义词，乃是 barbarian（野蛮的）。

先秦中国古书中本来就有“文明”一词。中国古代所谓的“文明”，“文”指的是文采，其对立面乃是粗鄙；“明”指的是光明，其对立面乃是蒙昧。宋人对孔子的褒奖之词“天不生仲尼，万古如长夜”，以及西方 18 世纪所谓“启蒙”运动，其实均呈现出此种“文明”观念，亦即变黑暗为光明、转愚昧为聪明。然而值得注意的是，“文”的对立面还有可能是“质”，此处强调的是“文采”与“朴质”的区分，单

① 参见李零：《引言：从“文明”二字想到的》，载李零、刘斌、许宏等：《文明的密码：跟着考古学家穿越中国历史》，中和出版有限公司，2021，第 1-7 页。

纯的“文”抑或单纯的“质”都有其缺陷，即所谓“质胜文则野，文胜质则史”，孔子推崇的人格境界，乃是“志道据德依仁游艺”的“文质彬彬”的“君子”。而从人类历史进程中的种种经验教训来看，我们也很难服膺旧不如新、古不如今、弃旧出新、后必胜今的单线式、乐观论的所谓“启蒙”或“开化”，而是更应该看到“亦新亦旧、亘古亘今”“且守且进”“骏发治安”的发展逻辑。

无论在西方抑或中国的古典政治传统中，“城”与“国”均具有千丝万缕的内在紧密联系。我国所谓“三代”尤其是夏、商直至西周，确曾出现过所谓“天下万邦”亦即由数以千计的“城—国”构成天下政治景观的局面。然而，中西政治文明的一大区别，乃是在于中国由于山川形胜与政治单元的自成一体等原因，堪称一个足以与整个欧洲相仿的“小天下/小世界”；乃是在于中国很早就出现了建设和维系一个“广土众民”（而非“小国寡民”）的、巨型的、统一的政治共同体的观念与实践。正如梁启超先生所言：“欧洲地形，山河绮错，华离破碎，其势自趋于分立；中国地形，平原磅礴，厄塞交通，其势自趋于统一。故自秦以后，二千余年，中间惟三国南北朝三百年间稍为分裂，自余则皆四海一家。即偶有割据，亦不旋踵而合并也。环其外者，虽有无数蛮族，然其幅员，其户口，其文物，无一足及中国。若葱岭以外，虽有波斯、印度、希腊、罗马诸文明国，然彼此不相接，不相知。故中国之视其国如天下，非妄自尊大也，地理使然也。”

贤明如亚里士多德（堪与中国战国时荀子并称的古希腊思想“集大成者”），依然没有设计出一个比埃及和波斯更“先进”的超大规模政治体的治理体系，宁要小国寡民的“自足”而弃广土众民的“荣光”。英武如亚历山大大帝，也无从对所征占的庞大帝国进行内部政治整合，更没有进行过基层政权建构。秦汉中国既已底定规模与气质的“超级稳定的大一统国家结构”，是古希腊政治思想家与政治家们几乎从未设想过的。[①]一言以蔽之，当我们思考历史中国的国家问题时，“规模至关重要”。

① 参见孔新峰：《中西文明根性究竟为何？——读〈战国与希腊〉浅识》，人民政协网，2020年6月17日，http://www.rmzxb.com.cn/c/2020-06-17/2594306.shtml。

第四节 “国”与“家”[①]

相信不少读者都听过成龙先生和刘媛媛女士合唱的一首歌曲，歌名就叫《国家》[②]，歌词如下：

一玉口中国，一瓦顶成家
都说国很大，其实一个家
一心装满国，一手撑起家
家是最小国，国是千万家
在世界的国，在天地的家
有了强的国，才有富的家
国的家住在心里，家的国以和矗立
国是荣誉的毅力，家是幸福的洋溢
国的每一寸土地，家的每一个足迹
国与家连在一起，创造地球的奇迹
国是我的国，家是我的家
我爱我的国，我爱我的家
我爱我国家。

① 本节主要内容，参见孔新峰：《“家国同构”的家国之理》，《人民论坛》，2020年6月中。

② 王平久填词，金培达作曲，歌曲发行于2009年2月28日，收录于专辑《国家》。

歌词里面说到了“家国同构”：“都说国很大，其实一个家”，“家是最小国，国是千万家”；谈到了对“家富”和“国强”孰先孰后的认识：“国强”才能“家富”，“有了强的国，才有富的家”；还隐约透露出中国人理解的理想国家治理体系，不仅仅是一种制度之理的“物理”的体系，同时还是强调人心之理与人伦之理的“心理”“伦理”的体系，那便是“国的家住在心里，家的国以和矗立”，唯其如此，才能使“国与家连在一起，创造地球的奇迹”，才能让我们自豪且自信地高歌：“我爱我的国，我爱我的家，我爱我国家。”

在传统中国人的思维方式中，“家”与“国”这两个词，构成了一个新词“国家”。无论是强调自然与人文风物的“国土”（country），强调法律与政治制度的“国制”（state），抑或强调血脉、文化及政治共同体的“国族”（nation），甚至来源于古罗马的拉丁语“共和”（res publica）以及由其演化到现代英文中的“共和国”（republic），上述种种意象尽收于“国家”这个中文词汇之中。但是，中国人传统中理解的“国家”，其机理实际上是“家国”，两个汉字颠倒位置，意趣大有不同。对此，笔者重点从历史中国的“家国之理”“家国之理”的现代困局，以及国家治理的“家国”维度三个层面进行分析阐述。

从古典政治观之，古希腊城邦与周天子封邦，分别奠定了

周公辅成王画像砖

深刻影响中西政治文明走向的“城国”与“家国”想象。前者假定，“人是城邦（‘政治’）动物”；后者主张，“人是家的（‘伦理’）生灵”。周初封建，周天子富有“天下”（“四海为家”）而建“国”，诸侯有其“国”（“以国为家”）而立“家”，卿大夫有其“家”而为次级卿大夫置“侧室”，如是者层层“封建”，实则构成了基于宗法血缘的一层层的“大家”与“小家”。《大学》首章，被朱熹尊奉为“经”，被王夫之敬称为“圣经”，明确说：“古之欲明明德于天下者，先治其国；欲治其国者，先齐其家；欲齐其家者，先修其身。”而“自天子以至于庶人，壹是皆以修身为本”，唯有“修己”方可渐次“安人”和“安百姓”。《孟子·离娄上》则说：“天下之本在国，国之本在家，家之本在身。”朱苏力教授曾指出，农耕社会的“齐家”是历史中国制度形成的一个重要维度。“家”是儒家学说的逻辑起点，也是传统中国人“修身”的物理与心理的栖息所，人性、伦理和德行的养育场。爱有差等，施自亲始，从“亲亲”亲子利他、亲缘利他，到“尊尊”“贤贤”超越亲缘之爱的衍生处，也在“家”。“家”与“国”并非截然两分，小“家”是大“国”的缩影，“国”政是“家”政的扩大化，“家”是“国”的根本，“家国”秩序的维系以“家”为圆心。此乃中国古代宪制“家国同构”的基本模式。“齐家”进而“治国”“平天下”，体现出传统中国国家治理打通“心理”“伦理”与“治理”的鲜明特质。

秦汉帝国以郡县天下取代封建天下，但宗法制下的“家国天下”想象没有实质改变。中国的国家制度构建运动是“早慧”而“早滞”的。就“早慧”而言，东周列国军事争斗与诸子思想争鸣塑造的儒法帝国，蕴含了西欧在约18个世纪之后才逐渐发育出的现代“国民国家”的诸多理性化成分，如强调基于官僚制的行政理性，皇权之下较为广泛的代表性与包容性，较为鲜明的礼法治理品格及重视观念濡化等。然而，就“早滞”而言，较之西欧现代“国民国家”所具备的若干功能特征（如公共性）及结构特征（如分殊性与自主性），特别是较之“高扬国家主权与个人主权、直接建立二者勾连而打消中间层”的自由主义国家建构学说，传统中国“家国天下”重“家国一体”而忽“家国之别”的理论缺憾日渐彰显。要知道，德国公法学家吉尔克曾将现代西方自由主义建国逻辑，精辟地概括为“国家主权”与“个人主权”这两大“核心原理”。中国近现代发生的家庭革命、国民塑造等运动，便或多或少受到上述理论逻辑的激发，更受到“三千年未有之变”的国势困局的激荡，一度试图以极其激进的方式消灭“家国”以拯救“国家”，但“家国”迄今仍然顽强地存活着。虽然传统家族主义和家国模式的宪制秩序似乎难以为继，但普通中国人和中国社会的“家庭观念”和“家国情怀”依然浓厚。

然而，当此“乡关何处”之时、“家国焉在”之际，中国乃至世界的有识之士却发现：现代“个人”乃是理性主体进而是权利主体，而儒家之“身”是更强调关系性的德性主体，在“权利话语”盛行之余，价值虚无主义甚嚣尘上；现代“国家”在“上帝已死”的情境下，成为人造的神祇“利维坦”，但也因为对“家”的涤荡和对“天下”的桀骜，使“国家理性”屡有畸变为“国家主义”的危险。“家”的缺失，在很大程度上导致了生活意义的丧失、治理成本的升高乃至认同政治的挑战。对于“当代人类面临着的许多突出的难题”，习近平总书记在纪

孔子

念孔子诞辰2565周年讲话中曾列举为：贫富差距持续扩大，物欲追求奢华无度，个人主义恶性膨胀，社会诚信不断消减，伦理道德每况愈下，人与自然关系日趋紧张，等等。

因此，推进具有中国品格、中国气象乃至世界担当的当代中国国家治理现代化，亟待将化解“家国矛盾”、塑造“家国合力”作为当务之急。“国”与“家”在当代中国的“破镜重圆”有很多的体现，特别集中在生育政策、丧葬政策、教育投资、美德养成、基层治理乃至打造“拟家庭化”的“命运共同体”等方面。我们不妨看看近年来党和国家颁布的诸多方针政策，对“家庭”的作用空前重视。例如，2018年国办印发的《为烈属、军属和退役军人等家庭悬挂光荣牌工作实施办法》，亦明确将国家荣誉与家国荣光相结合，规定光荣牌称号统一为“光荣之家”；2019年8月《中国共产党农村工作条例》，明确表示坚持家庭经营基础性地位；2019年10月《新时代公民道德建设实施纲要》指出要把社会公德、职业道德、家庭美德、个人品德建设作为着力点，要求完善家庭、学校、政府、社会相结合的思想道德教育体系，突出“家庭”在公民道德培养中的重要性；2019年11月《中共中央关于坚持和完善中国特色社会主义制度　推进国家治理体系和治理能力现代化若干重大问题的决定》，也强调发挥家庭家教家风在基层社会治理中的重要作用；2019年11月《新时代爱国主义教育实施纲要》多次提及“家国情怀”，并提出丰富新时代爱国主义教育的实践载体，注重运用仪式礼仪。……鼓励居民家庭在家门前适当位置悬挂国旗等。

有人曾问王阳明：“大人之学，何以在于明明德乎？”王阳明的回答是：“大人者，以天地万物为一体者也，其视天下犹一家，中国犹一人焉。”“大人”如是，“大党”与“大国”的“大的样子”亦应如是。中国共产党十九大报告提出的三个“共同体”，一定程度上与上述“家”的想象若合符契：“人与自然共同体”——“以天地万物为一体”；“中华民族共同体”——“中国犹一人”；“人类命运共同体”——“天下犹一家”。反思前述所谓现代社会“基本格局”，新时代中国国家治理应防范特定个体或群体无节制的“至上”话语，除了天道追求与天下担当，对久已被污名化和低估的“家”的价值，也应予以更加审慎公允的看待。在国家治理现代化实践中，甚至在基于中国经验、富有中国气象的人文社会科学知识体系与话语体系构建中，均宜念兹在兹、久久为功。

《庄子·天下》有言：“至大无外，谓之大一；至小无内，谓之小一。”中国人喜欢讲“家国天下”，实际上体现出一种深刻的智慧。“天下”超越于“国家”和所有人之上，可以说“其大无外”；但“天下”又必须落定于“国家”和所有人之中，即所谓“其小无内”，也就是在浩瀚无涯的“天下”及其无数组成单元（无论人的集体抑或个体单位）之间，好的国家治理应当建立起一套贯通和协调的心理关联。曾几何时，我们曾经激进反思和批判“公私不分”“家国一体”的所谓“家族国家论”；但随着中国日渐走近世界舞台中央，随着从“赶上时代”到“引领时代”伟大跨越的展开，对于传统中国国家治理蕴含的“家国之理”，应该说已经到了必须秉持温情与敬意深加体察的时机。

第二章

古代中国国家有何发展脉络？

黯淡了刀光剑影　远去了鼓角铮鸣
眼前飞扬着一个个　鲜活的面容
湮没了黄尘古道　荒芜了烽火边城
岁月啊你带不走　那一串串熟悉的姓名
兴亡谁人定啊　盛衰岂无凭啊
一页风云散哪　变幻了时空
聚散皆是缘哪　离合总关情啊
担当生前事啊　何计身后评
长江有意化作泪　长江有情起歌声
历史的天空闪烁几颗星

人间一股英雄气　在驰骋纵横

——中央电视台 1994 版电视连续剧《三国演义》主题曲《历史的天空》[1]

第一节　“聚散皆是缘”：国家起源的若干猜想

我们现代人，除了极少数“无国籍者”，莫不身处具体的某一国家之中，对于现代国家及其政治、经济和社会结构莫不有或浅或深的认知。然而对于历史上的“国家”，我们则知之甚少。但我们可以确知的是：现状不是从来就有，而是渊源有自。近二百个国家成为地球上最具优势的政治组织形式和最具权力的政治机构实体，绝非一夕之功。虽然人类社会千变万化，分久必合，合久必分，然而人类政治机构实体发展的大趋势，乃是数量上从“多”走向“少”，质量上从“简”走向“繁”。加之临近政治单位之间的复杂诡谲关系，既有攻伐又有合作，既有“原生国家”的先行创制又有“次生国家”的制度效仿，最终使得“寻得桃源好避秦”的“无国籍者”抑或“帝力于我何加焉”的“无政府主义者”，在碧落黄泉之

① 王健作词，谷建芬作曲，毛阿敏演唱。

间绝难找到不被国家权力覆盖之处。

而对于国家如何起源这一问题，恰似人类的起源问题一般，哪怕在学术界都见仁见智、言人人殊，极难达成共识。现代人的起源，不过是在大约10万年前；而在现代人类存在的岁月之中，绝大多数时间并无国家，这一点乃是毫无疑问的。我国历史学家侯旭东教授曾经指出：学术界的共识是，最早的古代国家产生于两河流域和埃及，时间也不过在公元前3500年，距今还不到6000年，与现代人存在的10万年相比，仅占其中的5.5%。若是将现代人的历史看成是自元旦（1月1日）开始的一年，则最早的国家出现于12月10日；而地球呈现出由近二百个国家分而治之的面貌，则是迟至第二次世界大战之后的事情——如果翻开“年历”，那不过发生在12月31日而已！①

就其规模与组织程度而言，古今人类社会可谓差异巨大。全球范围的考古学研究表明，人类的居住方式具有惊人的多样性。但从全球来看，可谓“多”中有“一”，万变不离其宗，其基本线索是：从狩猎采集者的临时营地，发展到早期农业者的村庄，再到古代世界的宏伟都市；而这三者所对应的社会形态，大致可以看作无等级社会、等级社会与分层社会，大

① 侯旭东：《什么是日常统治史》，生活·读书·新知三联书店，2020，第128页。

致可视为著名进化论学派人类学家摩尔根在其名著《古代社会》中所言的“蒙昧、野蛮和文明”的三大阶段。美国文化人类学家埃尔曼·塞维斯非常看重这种跨文化、普遍性的人类社会组织发展的规律性，1975 年，他以名著《国家与文明的起源：文化演进的过程》奠定了“游群—部落—酋邦—国家”四阶段的所谓社会“新进化论”，取代了古典进化论所倡导的“蒙昧、野蛮和文明”三阶段论。游群、部落、酋邦和国家，不仅是社会发展的四个阶段，也是四种不同层次的社会结构。需要强调的是，四阶段论讲的是初民社会，探讨的是“国家”起源问题；四阶段中最后或最高阶段的“国家”，指的是有别于现代国家的古代“国家”。借用塞维斯的话来说则是：“我认同普遍的准则，将文明兴起等同于国家起源，而国家起源则由基于武力的压迫控制来定义。我一直相信，这一‘国家’的定义能有效适用于一些现代原始社会。”塞维斯的洞见及近年来中国考古新成果的不断涌现提醒我们：中国文明是透过政治权力的作用而建立的，这种模式在世界范围内具有鲜明的特质。

所谓游群，是狩猎与采集经济阶段的人类社会组织，彼时的人们通常需要结为初级群体四处游荡寻找食物。在任何一个原生民族的发展史上，游群社会既是初始社会形态，又是迄今为止历时最长的社会形态。游群社会没有政府，没有法律制度，也没有家庭与游群之外的宗教组织，只有家长和暂时性、非正式的低等领导权威。早在塞维斯之前，人类学界已对游群这种组织做了大量研究，普遍把它视为“社会起源”的阶段。从旧石器时代起直到较大规模种植植物、驯养动物以前，人类生存基本上都依赖于野生动植物，主要经济活动就是狩猎与采集，而游群正是狩猎与采集经济阶段的人类社会组织。有中国学者曾指出：“游群是最简单的和古老的政治结构，规模很小，少者20至30人，多者亦不过400至500人。一个游群是由有亲属关系的人组成的，可能是几个家庭的联合。这种社会处于狩猎采集阶段，人们经常随季节变化而迁徙。游群社会是一个平等社会。在政治上，没有正式的、永久性的领导机构，重大问题要经过全体成员一致同意作出决定。每个游群有一个或几个头人，可能是富有经验的老年男子，也可能是优秀的猎手。他们没有长期性权威，更无什么特权，而且其地位一般不能世袭。”

所谓部落，是高于游群的初民社会发展阶段。部落社会的规模要比游群大，并且一般建立在稳定的农业生产经济基础之上，从而形成了永久性的定居聚落。部落内部逐渐形成了以男性为核心的父系社会。部落和游群有许多相似的地方：均属于没有政治控制的平等社会；没有严密政治组织的领导人；不存在个人权力；缺乏社会分工和较高层次的专门化生产，是比较典型的自给自足的自然经济类型。在基本结构上，部落如游群一样简单，也是一种平等主义的社会，相同年龄相同性别的成员之间，身份没有高低之分。两者大不一样的是在组织结构稳定性方面。游群比较稳定，而部落组织则随时可以解体。成员并不固定，忽聚忽散。聚集起来是“部落”，一旦解散又重新变为若干个“游群”。可见，“部落”中成员单位的聚集本质上是临时性的。因此，当代另一位重要的人类学家弗里德认为，所谓“部落”，无非就是若干个游群临时聚集在一个地区，共享相对和平，经常谈婚论嫁而已。各个游群之间关系并不稳固。社会基本结构是平等性质的，组织结构是不稳定的，说散就散，部落很容易复归为游群。

所谓酋邦，是塞维斯的重要创见，其“具有一种贵族统治性质的集权趋势和世袭的等级地位排序，但没有武力压迫的正式法定机构。它似乎普遍是神权型的结构，而且对权威的服从形式与宗教信众服从祭司—酋长如出一辙”[①]，是“具有一种永久性协调机制的再分配社会”。塞维斯指出，早期文明并不是立足于经济的分层，而是基于政治权力不平等的分层；政治贵族之间的斗争，构成了早期文明的重要特质。酋邦是社会发展的一个阶段和一种类型，它比部落社会进步，却不及国家社

① 转引自陈淳教授所作“中文版序”，［美］埃尔曼·塞维斯：《国家与文明的起源：文化演进的过程》，龚辛、郭路莎、陈力子译，陈淳审校，上海古籍出版社，2019，第 7 页。

会复杂。塞维斯提出将酋邦作为社会文化演进的一个阶段，乃是鉴于国家起源的诸多重要理论一直以来存在着某种缺陷，那些认为国家是从某种“平等”社会基础上直接产生而出的理论，是难以令人信服的。现代民族志研究的大量成果证明：作为部落和古代“国家”之间的中间阶段，世界各地都曾经存在发达程度不等的酋邦，而这一中间阶段对于解释国家起源的诸多理论问题而言，可以说是非常有用的。酋邦涵盖了社会复杂化层次和具体形态差异极大的等级社会，其中简单一端只是地位世袭刚刚确立的“头人”社会，而其复杂一端则已处在通往古代“国家”的门槛之上；简单一端乃是平等社会的终结，复杂一端则标志着早期国家官僚体系的出现。

所谓国家，则是早期人类社会发展的第四个阶段，正如本书第一章所言，其作为人类历史上最强大的政治组织，拥有高度集中而统一的政府和官僚机构，以及保证政令能够得以执行的强制性合法权力。国家是以等级制度为基础组织起来的分层社会，具有复杂的政治机构，特点就是阶级分化，即出现了统治阶级和被统治阶级。国家的强制力量包括军队、警察、法庭、监狱及法律等，政府依靠这种强制力量合法组织管理各种活动，维系着社会的正常运转。国家直接源于酋邦，尤其早期国家常常保留着许多酋邦社会的特征，但相对于酋邦，国家的人口和疆域规模更大，社会组织和结构更为复杂，出现了酋邦社会所不具备的社会政治机构特别是合法使用武力的机构，其社会内部分裂成了统治阶级和被统治阶级，人们的居住方式和维系社会关系的方式基本脱离了血缘关系，经济更为发达，并出现了集约型农业和高水平的专业化手工业，贸易的范围和对象也进一步扩大。唯其如此，方能理解恩格斯在《家庭、私有制和国家的起源》中的经典论断：“国家是社会在一定发展阶段上的产物；国家是承认：这个社会陷入了不可解决的自我矛盾，分裂为不可调和的对立面而又无力摆脱这些对立面。而为了使这些对立面，这些经济利益互相冲突的阶级，不致在无谓的斗争中把自己和社会消灭，就需要有一种表面上凌驾于社会之上的力量，这种力量应当缓和冲突，把冲突保持在‘秩序’的范围以内；这种从社会中产生但又自居于社会之上并且日益同社会相异化的力量，就是国家。”

国家是阶级矛盾达到了不可调和状态的产物，不可调和就要出现暴力机构来镇压，所以从历史考古物证来说，要有一定的军事属性才能称为国家，这个条件居于核心的地位。我国著名考古学家苏秉琦教授，曾经在1986年发表的《辽西古文化古城古国》中提出“古国”的概念，将“古国”定义为“高于氏族部落的、稳定的独立的政治实体”。可以说，“古国”概念是在中国史前时期和夏商周三代之间搭建起紧密联系的必要桥梁。本书第一章曾经指出，“国”之本意为一特定的地理区域（“域”—“城”），而先秦文献和金文中本来是用“邦”来称呼三代和上古时期的地方政体的。汉儒为避刘邦名讳，改“邦”为“国”，自此长期习用。春秋时期，这种政体为拥有某种政治联系并相对自治的、由土地和人民构成的政治单位；从聚落形态方面看，应包括中心（国、都）及其下属的次级中心（邑）和众多周边村落；从政治形态方面看，有世袭的统治者和相关的管理制度。中国社会科学院考古研究所研究员李新伟先生指出：在先秦知识分子的观念中，“国”这种政治单位的起源颇早，上古的“国”与当时的“国”并无本质的区别，所以会有《尚书·尧典》“百姓昭明，协和万邦”和《左传·哀公七年》“禹合诸侯于涂山，执玉帛者万国。今其存者，无数十焉”这样的对上古政治景观的描述。以“古国”称呼考古资料反映的距今6000年各地区跨越式发展形成的复杂地方政治组织，意在表明它们在地域范围、聚落结构、社会组织及治理方式等方面已具备三代时期“国”的基本内涵。各古国应该控制了特定的自然和政治地理空间，社会上层以经济、政治、武力和意识形态等方面的领导策略实施管理；社会成员形成对本区域文化、亲缘和政治管理的认同，并因此而产生归属感，家国体系初步确立，三代时期的政治管理范本已然初步奠定。

第二节 “盛衰岂无凭”：古中国历代兴替简况

著名考古学家李峰教授曾提出“早期中国”的概念：“‘早期中国’指的是从人类历史在东亚地区开始，到公元220年东汉结束的这段漫长时期。而西元220年也经常被不准确地看作是中国进入佛教时代的标志。”[①] 在此基础上，他制作的早期中国年代表，有助于我们理解中国古代国家衍生阶段的基本历史脉络。[②]

早期中国年代表	
早期农业社会	
前仰韶时期	前 6500—前 5000 年
仰韶时期	前 5000—前 3000 年
早期复杂社会	
龙山时期	前 3000—前 2000 年

① 李峰：《早期中国社会和文化史概论》，刘晓霞译，台湾大学出版中心，2020，第 1 页。

② 年表来源于李峰：《早期中国社会和文化史概论》，刘晓霞译，台湾大学出版中心，2020，“自序”后插页“早期中国年代表”。

续表

早期中国年代表			
早期邑制国家			
二里头国家（夏代？）	前 1900—前 1555 年		
商代	前 1554—前 1046 年		
周代	前 1045—前 256 年		
	西周	前 1045—前 771 年	
	东周	前 770—前 256 年	
		春秋时期	前 770—前 481 年
领土国家			
		战国时期	前 480—前 221 年
早期帝国			
秦代	前 221—前 207 年		
汉代	西汉	前 206—公元 220 年	
	（新朝）	9—24 年	
	东汉	25—220 年	

李峰教授将前仰韶时期和仰韶时期判为“早期农业社会”，将龙山时期判为“早期复杂社会”，将夏商周（西周至春秋）三代判为“早期邑制国家”，将战国时期诸国判为“领土国家”，将秦及两汉判为“早期帝国”。这种界定方式，是非常中肯的。

我们常说中华历史“上下五千年”，其所对应的恰恰是李峰教授所言的自“早期复杂社会”以至今天的历史。“五千年文明”说虽屡受质疑，但20世纪以来的考古学新发现已然表明，从新石器时代开始，无论从物质、制度抑或精神维度观之，具有独立自主且多元一体之起源的中华文明已蔚为大观。国家是人类历史发展演进到一定阶段、告别蒙昧的原始社会之后的产物，哪怕是最最保守的估计，至少从距今4000多年前开始，中华传统国家已然出现。

我们背诵“中国历史朝代表”时，开篇都会从“夏商周”说起。然而，直到20世纪早期，现代历史学家都认为其中前两个王朝（即夏、商）仅仅是传说。20世纪20年代，人们在今天安阳附近的“殷墟”进行考古发掘时，发现了一座古城遗址，这座古城有城墙，是商代晚期的一座都城。此后又有商代其他城市遗址被陆续发现。古城遗址中包括商王朝卜筮部门的档案（商王朝负责档案典籍管理的官员称为“作册”），其中出土了大量刻有中国古文字的“甲骨”。甲骨上记载的诸王名字与传统史料所载基本吻合。商王朝实际存在的证据令历史学家相信，夏王朝很可能也存在，或许夏是存在于新石器时代晚期的一个王国或部落联盟，其文化也许属于红陶文化。有学者提出假设，认为位于黄河南岸的二里头可能就是夏王朝的都城所在地。也许，夏王朝时就已产生了黑陶工艺、青铜工艺，

殷墟

以及今人尚未知的最早的中国文字体系。[①]

在李峰教授所言的“早期农业社会”，即大概七八千年前，我国黄河流域和长江流域已出现简单的农庄。经过两三千年的发展，农庄愈加复杂；大约在4000年前，即李峰教授所言的“早期邑制国家”阶段，华夏核心区域出现城邑，所谓的“国家”于是诞生。这一时期大概属于传统史家所说的夏朝，开启“三代”的时代。借用《礼记·礼运》作者的话，前于此者称“大同”，后乎此者叫“小康”。

① 参见［美］阿尔伯特·克雷格：《哈佛极简中国史：从文明起源到20世纪》（修订珍藏版），李阳译，中信出版集团，2019，第14页。

大道之行也，天下为公。选贤与能，讲信修睦，故人不独亲其亲，不独子其子，使老有所终，壮有所用，幼有所长，矜寡孤独废疾者，皆有所养。男有分，女有归。货恶其弃于地也，不必藏于己；力恶其不出于身也，不必为己。是故谋闭而不兴，盗窃乱贼而不作，故外户而不闭，是谓大同。

今大道既隐，天下为家，各亲其亲，各子其子，货力为己，大人世及以为礼。城郭沟池以为固，礼义以为纪；以正君臣，以笃父子，以睦兄弟，以和夫妇，以设制度，以立田里，以贤勇知，以功为己。故谋用是作，而兵由此起。禹、汤、文、武、成王、周公，由此其选也。此六君子者，未有不谨于礼者也。以著其义，以考其信，著有过，刑仁讲让，示民有常。如有不由此者，在势者去，众以为殃，是谓小康。

从三代早期的城邑万邦至周初最终呈现出“封建”粲然大备的状况，为时1500年之久。夏商周所谓“三代”时期，氏族制度解体，中华历史走过原始游群、部落和酋邦阶段，进入早期国家时代。其实行“溥天之下，莫非王土；率土之滨，莫非王臣”的国王“家天下”制度，“封诸侯、建藩卫”“世卿世禄”的宗法贵族分封制度，并呈现出萌芽状态的多族裔国家特征。总的说来，夏、商、西周（约前21世纪—前771

年），为中国古代国家制度的早期阶段；春秋、战国（前770—前221年），为中国古代国家制度的转型时期；秦汉至明清（前221—1840年），为中国古代国家制度的发展阶段。[①]

从国家思想角度看，殷周时期兴起的“天命”与“德”的观念逐渐成为儒学思想渊源乃至中国传统国家治理的观念要素。而在殷周分封制和宗法制大背景下，形成了独具特色的中华礼乐文明。《易》《书》《诗》《礼》《春秋》连同已亡佚的《乐》，构成了作为中华礼乐文明元典的“六经”，奠定了中华国家的政教秩序，塑造了中华民族的核心价值。[②]

西周和春秋堪称“封建”城邦国家的全盛时期，彼时城邦的特质体现在如下方面：其一，以城为中心，与周边的村落，共同组成一个名曰“国”的政治单位；其二，“服”和“爵”组成各“国”与周天子“天下”之间的关系。“城邦”是针对各国的地理景观及内政独立性而言的，“封建”则是指列国之间的互动关系。在周的“天下”，城与城之间必须遵守礼制规定，数量与格局都有一定的准绳。春秋中期以后，随着

① 参见张传玺：《中国古代国家的历史特征》，收入国家教委高校社会科学发展研究中心组织编写《中外历史问题八人谈》，中共中央党校出版社，1998，第336-353页。

② 参见复旦大学思想史研究中心、修远基金会研究中心编《中华文明通论》（精编版），中央社会主义学院、上海科技大学中华文明教育项目专用讲义（内部文稿），2016年12月未刊版，第35页。

封建制度的瓦解，“封建城邦”之间的规制也逐渐毁坏，随着经济发展和人口增加，新城市崛起，旧城邦遭受破坏。此一时期，城市数量大为增加，中国经历了一次新兴的筑城运动。有学者统计，从西周到春秋，城邑的数量增加了375个，而这基本并非工商业发展的结果，而是诸侯在宗法制度下逐渐分化所致，城市仍然主要履行其政治与军事功能。[①]大家可能读过《孟子·公孙丑下》所言的“天时不如地利，地利不如人和。三里之城，七里之郭……”，此中的“城”指的是“内城”，“郭”指的则是“外城”。“郭”的建立，代表着国家有实力大量吸收从乡村来的民众，并使得所谓“国人”与“野人”之间的政治社会地位差别逐渐降低。

到了战国时代，“编户齐民”的政治社会形态在诸国残酷竞争之中逐渐成形和推广，诸大国在加强以国君为中心的中央集权制度建设方面很大程度上出现了趋同之势。[②]春秋战国是一个社会转型、文化冲突、价值失范、认同危机凸出的时代。王室衰微，诸侯坐大，各诸侯国在日益残酷的战争背景下不断提升治理效能，削弱分封制度，推行郡县制度，中央集权制度

① 参见许倬云：《周代都市的发展与商业的发达》，载中国上古史编辑委员会编《中国上古史（待定稿）》第三本，“中央”研究院历史语言研究所，1985，第669-670页。

② 参见杜正胜：《编户齐民：传统政治社会结构之形成》，联经出版事业股份有限公司，1990，第46-48页。

逐渐强化，多族裔的统一的诸侯国日渐形成。[①] 政治制度也随之发生了变化。新兴诸侯国的君主开始称王，而过去这一称号只有周的王族才能使用。在一些诸侯国宫廷中，世袭贵族的地位衰落，善于治理国家的谋臣取而代之。为了生存，新的国家必须把农业和商业财富转化为军事力量。征税、征兵和治理国家事务需要书记人员和有文化的官员，学校因此得以创办。在官员之下，出现了一个有文化的新兴政治阶层，其成员被称为“士”。这一概念最早用来指“武士”，但内涵逐渐转变为“文官”。“士”来自不同社会阶层，包括低等贵族，以及原来的武士阶层、地主阶层、商人阶层和地位上升的平民阶层中的读书人。从“士”这一阶层中，出现了创造“诸子百家”局面和改变中国文化的思想家。[②]

在国家思想领域，为应对“礼崩乐坏”之局，以孔子、孟子、荀子为代表的儒家应运而生。孔子思想核心为“仁”，外在表现为“礼”；以道仁义、明人伦、重教化为基本思想纲领。孟子发挥孔子“仁”的思想，强调“性善”，认为“仁义礼智”与宗法社会中最基本的人伦关系密切相关，并提出

① 参见张传玺：《中国古代国家的历史特征》，载国家教委高校社会科学发展研究中心组织编写《中外历史问题八人谈》，中共中央党校出版社，1998，第353–365页。

② 参见［美］阿尔伯特·克雷格：《哈佛极简中国史：从文明起源到20世纪》（修订珍藏版），李阳译，中信出版集团，2019，第30页。

颇具革命性的放逐暴君论。荀子则发挥孔子“礼”的思想，强调“性恶”，主张化性而起伪，隆礼重法。总体而言，儒家提出回到周文的复古主张。墨家同样主张复古，却主张回到比周更久远的夏政，重实利，倡导节用、节葬、非乐、兼爱，其救世方略与儒家形成互补关系。道家和法家思想对宗周礼法制度进行了最为激进的否定。道家重个人，轻社会，尚自然，主无为。老子认为人类社会管理应符合自然的天道运行方式，所谓无为、贵柔。庄子强调远离社会的个人精神逍遥自适之“天乐”，复认为善治天下者在顺应民性，并试图从根本上取消政治，呈现出绝对的放任主义和彻底的无治主义的色彩。相对道家的形而上风格，法家出发点更为政治化，基于对贵族世卿世禄制和封建宗法制败坏的深刻认识，以增强国家能力为目的，主张变法革新，向下创造了作为国家客观政治单位的郡县，向上创造了客观超然的君主。法家的“利害之道”，既提供了法术势相结合的政治治理方略，也滋生了专制主义弊端。[①]

读者诸君，我们知道，所谓东周分两段，春秋与战国。“春秋”源于孔夫子所作鲁国编年体史书之名，“战国”则是极言当时华夏天下诸国之间征战杀伐的惨烈状况。然而，“战

① 参见复旦大学思想史研究中心、修远基金会研究中心编写《中华文明通论》（精编版），中央社会主义学院、上海科技大学中华文明教育项目专用讲义（内部文稿），2016年12月未刊版，第60、84页。

国”（Warring States）两字，大有玄机，不可轻易放过。实际上，在现代政治理论特别是历史社会学途径的政治理论研究中，“战争制造国家，国家制造战争”已是一个极为经典的关于国家发生机理的论断。在研究国家形成的文献中，上述论断由政治社会学界查尔斯·梯利最早、最有力地提出。其主要观点是：近代以降欧洲各国之间的军事竞争，推动了大型领土国家的形成。这是因为，频繁的战争迫使欧洲各国纷纷寻求更有效地动员税收资源与人力资源之道，以便应对军事竞争带来的强大生存压力；而只有那些具有较大疆域且勇于、善于进行改制，不断提升其动员汲取能力和国民认同塑造能力的领土国家，方能动员更多的人力物力以组建和供养大规模常备军，并不断提升战争装备能力和战争技术水平，因此在国际军事竞争中脱颖而出。这一命题在历史社会学、比较政治学、国际关系等领域产生了广泛的影响，激发了一大批经典的学术作品，也被一些优秀的中国学者用来分析中国历史上第一个统一的中央集权国家——秦如何从“战国”之中存活、变法、发展壮大，并最终完成统一大业，在事实上奠定了帝制中国国家的制度基石。正是在战国时期，出现了新型军队。配备弓箭的骑兵部队取代了只适用于平原地区作战的旧贵族战车。多数战争是由征召的步兵完成的，诸侯大国集结的军队人数常常有数十万之众，小国面对这样强大的军队完全无力抵抗。旧贵族让位于军

战国骑兵部队

事统帅，过去即使在战争中也具备约束力的旧礼制（不妨想想宋襄公的故事），则让位于血腥冷酷的军事谋略。[1] 集法家之大成的韩非子，则把其中的逻辑表述为："上古竞于道德，中世逐于智谋，当今争于气力。"用史学家许倬云的话来说，则是"回溯中国古代建国的过程"，"前述欧洲的斗争过程在中国很早就有了"；"他们所关切的问题，正同《左传》和《韩非子》里所谈到的春秋战国时代的改革一样，不外乎定赋税、慎出纳、建立征兵制度、铲除特权，使国家成为共同体。所以

① 参见［美］阿尔伯特·克雷格：《哈佛极简中国史：从文明起源到 20 世纪》（修订珍藏版），李阳译，中信出版集团，2019，第 30 页。

说 16 世纪欧洲建国的过程和中国春秋战国时代的列国形势其实差不多”。[①] 公元前 3 世纪，继公元前 11 世纪的“殷周之变”后，中国国家史又出现了一个关键转折点，即所谓“周秦（汉）之变”，原来集权程度较低的旧式西周诸侯国分封制，被中央集权、地方郡县的官僚制的政府取而代之，特别是开创了绵延 2132 年（自公元前 221 年秦嬴政称始皇帝起，至公元 1912 年清末代皇帝溥仪发布退位诏书为止）的皇帝制度。新的中央集权国家建立起了北接草原、南至越南的庞大帝国。早期帝制中国的历史由三个部分组成：秦、西汉和东汉。英语中的“China”一词，就来自“秦”的音译。经过锐意改革和持续征战，“奋六世之余烈”的秦国于公元前 221 年灭掉东方六国，统一了中国，完成了包括文字、度量衡、车轨等在内的国家标准确定工作。然而在其重塑中国的过程中，已然成为统一天下共主的秦朝用力过猛，以至于过度扩张，在统一后仅仅延续了一代就分崩离析。继之而起的西汉和东汉则各自延续了大约 200 年。出身寒微的刘邦在秦末动荡中崛起，击溃项羽，建立西汉，开“布衣卿相之局”（布衣出身的大一统帝国开国君主，在中国古代史上除了刘邦，便只有建立明朝的朱元璋了），西汉国祚从公元前 206 年延续到公元 8 年王莽篡汉、

① 许倬云：《中国古代文化的特质》，新星出版社，2006，第 35、37 页。

建立为时甚短的“新”朝；东汉则由西汉皇族后裔刘秀建立，从公元25年持续到220年。汉朝建立后，起初实行分封制和郡县制共存的“郡国并行制”。西部地区划分为郡县，由中央直接管辖，东部地区分为10个半自治的诸侯国，分封给汉高祖起事过程中的亲信。汉朝实行这种类似于周代的“封建制”，既是时局所迫，也是为了昭示自己不同于暴虐的秦朝所实行的中央集权统治。但在汉王朝政权逐步稳固后，各诸侯国的异姓王均被皇室子弟所取代。中央将各诸侯国进一步划分成更小的单位，加强了中央对地方的控制。到汉朝立国百年时，仅剩几个很小的诸侯国。可以说，汉朝尽管表面上与秦及其制度划清了界限，但实质上重建了秦的中央集权官僚统治。尽管两汉几乎前后相连，并且在制度和文化上有许多共同点，但历史学家通常仍然将它们视为两个相互独立的时期。两汉对中国影响深远，时至今日，中华民族共同体的主要族裔成分仍然被称作“汉族”，其文字则被称为“汉字”。①

秦汉之际，春秋战国时代列国纷争的局面，以大战和动荡之后的统一为终结。这种统一，标志着作为中华文明典型特征的大一统秩序的建基成形。秦汉之际的大一统秩序，集中体现在：政治制度上，是建立在编户齐民体制基础上的“皇帝—官

① 参见［美］阿尔伯特·克雷格：《哈佛极简中国史：从文明起源到20世纪》（修订珍藏版），李阳译，中信出版集团，2019，第50-64页。

僚”体系及郡县制结构，其作为传统中国国家治理体系的基本特点绵亘长达 21 个世纪；在思想观念上，是将“身—家—国—天下”融为一体的儒家大一统价值观；在国家治理和伦理教化上，是以儒家价值涵摄法家制度的处事原则，此即汉宣帝所言的“霸王道杂之”的所谓“汉家制度”；而在文化和生活方式上，则塑造出了具有相同属性和认同的“汉人”，创造了恢宏大度的汉家气象。这些都构成了中华国家维系两千余年的大一统秩序结构的基本内涵，其深刻影响一直存留发挥，直至我们所处的时代。①

在东汉王朝灭亡后的 3 个半世纪里，中国的统一长期缺失了，221 年至 589 年这一漫长时期，堪称中国国家史上的“大分裂”之局。魏、蜀、吴鼎立，其间很多英雄和谋士的故事，让说书人津津乐道，民间妇孺皆知；三国最终归于西晋的短暂统一，旋即又陷入更为漫长的分裂局面，因为八王之乱，西晋元气大伤，最终于 316 年灭亡。北方游牧民族内迁，并先后建立了许多政权。连同西南的成汉，史称十六国。同时，西晋的王室、门阀世族与大量百姓开始南渡。这一时期是中国国家史上的第二次民族大融合时期（第一次发生在春秋战国时代，

① 参见复旦大学思想史研究中心、修远基金会研究中心编写《中华文明通论》（精编版），中央社会主义学院、上海科技大学中华文明教育项目专用讲义（内部文稿），2016 年 12 月未刊版，第 109 页。

第三次发生在宋辽金元时代）。317年，西晋宗室司马睿在建康（今南京）称帝，沿用国号“晋”，东晋建立。此后，氐族人建立的前秦曾短暂统一北方，并出动举国之师，意图灭亡东晋，结果在淝水决战大败。于是前秦崩解，北方再次陷入混战之中。直到439年，鲜卑族建立的北魏统一了北方，正式结束了十六国时期。但北魏很快分裂为东魏和西魏两个国家。然后，东魏被北齐取代，西魏被北周取代。此即“魏晋南北朝”的“北朝”梗概。再看南方，东晋后期发生朋党相争与内乱，大将刘裕于420年代晋自立，国号为“宋”，史称刘宋。南方先后出现宋、齐、梁、陈四个朝代，其国祚均不算长。此即“魏晋南北朝”的“南朝”梗概。按照曾任哈佛燕京学社社长的美国汉学家阿尔伯特·克雷格的说法，汉代之后的中国国家史呈现出两个显著特点。一是大地主贵族占据主导地位，其拥有大量田产和具备防御能力的庄园，甚至部曲（私人军队），几乎不受国家管控。因为他们代理了地方政府的很多职权，所以一些历史学家认为汉代之后的中国恢复了周代的分封制。二是在这几个世纪中，中国北方和南方的发展大相径庭，南方开始告别蛮荒，逐渐在经济与文化上崛起。①

北周武帝去世后，杨坚掌握朝廷，通过受禅于北周静帝，

① 参见［美］阿尔伯特·克雷格：《哈佛极简中国史：从文明起源到20世纪》（修订珍藏版），李阳译，中信出版集团，2019，第72页。

自己当了皇帝，建立隋朝。589年，隋军南下灭陈朝，统一中国，结束了自西晋末年以来中国近300年的分裂局面。天下重归一统，国祚仅37年、完成统一大业后却短命而终的隋朝，一如同样完成统一大业后却短命而终的秦朝，在国家制度建设上颇多建树：秦有三公九卿之中央官制设定，而隋有三省六部制；秦有万里长城防御工程之创设，而隋有京杭大运河之开凿；秦厉行废封建而立郡县并试图瓦解世袭社会，而隋始创科举制度奠定长达13个世纪的中国式科举社会的基石。然而，秦隋两朝，用今天的话来讲，均未能处理好“改革、发展与稳定”之间的关系，兴勃亡忽，令人太息。但是，“前人栽树后人乘凉”，没有秦隋，哪有汉唐？隋毕竟结束了360余年的“大分裂”时代，为极具开放性和包容性的唐帝国做好了铺垫。自624年到755年，唐朝一度开创出持续繁荣的盛世局面，借用阿尔伯特·克雷格教授的话，“唐朝（618—907年）是大家最喜爱的朝代：开放，四海一家，开疆

隋文帝杨坚（阎立本绘）

拓土，生气蓬勃，富于创造性。唐代中国作为榜样，对日本、朝鲜和越南的国家建构与文化繁荣具有决定性的影响。诗歌艺术在唐代达到巅峰，后无来者”①。与欧洲中世纪早期相比，同时代的中国历史最显著的特征是国家重新统一，一个以汉朝为范本的中央集权官僚体系帝国重新建立。②与建基时代相比，隋唐恢复和重建的大一统国家秩序有了很多新的特点，其背后的历史时势也有极大变化。第一，其是在容纳和吸收更多民族基础上缔造的大一统政权；第二，其具有更为广阔的中外文化交流；第三，其更具包容性的社会经济与文化氛围；第四，其更具合理性的大一统国家治理制度（特别是三省六部及科举取士制度）。在深度和广度上，隋唐实现了对秦汉奠定的大一统秩序格局的拓展，体现出更多的“世界主义”面向，也为后世中华文明在不断消化融合外来文明的基础上实现自身的升级演化，提供了丰富的历史经验。③

唐代于907年覆亡，中国随即进入半个多世纪的分裂动荡局面，此即所谓“五代十国”时期。中原与江南的此种局面，

① [美]阿尔伯特·克雷格：《哈佛极简中国史：从文明起源到20世纪》（修订珍藏版），李阳译，中信出版集团，2019，第90页。

② 参见[美]阿尔伯特·克雷格：《哈佛极简中国史：从文明起源到20世纪》（修订珍藏版），李阳译，中信出版集团，2019，第91页。

③ 参见复旦大学思想史研究中心、修远基金会研究中心编写《中华文明通论》（精编版），中央社会主义学院、上海科技大学中华文明教育项目专用讲义（内部文稿），2016年12月未刊版，第134页。

在很大程度上被后周将领赵匡胤建立的宋朝所终结。北宋的北方和西北方，先后有契丹人所建之辽、党项人所建之西夏以及代辽而兴的女真人所建之金的巨大威胁，北宋于 1127 年蒙受“靖康之耻”，被金国灭亡。皇族赵构率众南渡，建立南宋，并在与金国及随后兴起的蒙古的对峙之下，最终于 1279 年亡国。然而，唐宋之际是中国历史上又一大变革时期。宋代在物质文明上达到了前所未有的成就，经济影响力居世界之冠。在宋代，人口的流动、新技术的出现、城市的发展、货币的广泛流通以及贸易的增[illegible]繁荣局面。及至南宋，中国的经济文化重心最终转移到了南方。在唐代，北方是中国人口最稠密、生产力最发达、人才最多的地区。但是从 9 世纪末开始，中国的人口、农业和文化的重心转向了东部的长江下游地区。自 800 年到 1100 年，中国的人口总数上升到约 1 亿，而长江流域的人口数增长到原来的 3 倍。[①]同时，中国的贵族政治到了宋代，应该说是彻底终结了；而有鉴于五代武夫治国的弊病，继宋太祖“杯酒释兵权”后，宋代大兴文治，科举士大夫阶层蔚然兴起。这一阶层有着强烈的主体意识，以名相文彦博所谓“皇帝与士大夫共治天下”为基本原则，于庙堂之高厉行变法，于江湖之远重建基层宗族社

① 参见［美］阿尔伯特·克雷格：《哈佛极简中国史：从文明起源到 20 世纪》（修订珍藏版），李阳译，中信出版集团，2019，第 113 页。

会。然而，对于皇权而言，宋代实际呈现出专制化程度加强之势：唐代皇帝是来自中国西北地区的混血贵族，与朝中多数要员出身相同，因此实质上是国家的一个有机组成部分，其统治代表了贵族的利益。贵族垄断了朝中高位，实行内部通婚或与皇族联姻。贵族称皇帝为天子，但明白皇帝实为他们中的一分子。相反，到了宋代，官位最高者通常是平民出身，经由科举考试选拔而来，此即所谓“朝为田舍郎，暮登天子堂。将相本无种，男儿当自强”。这些官员与皇帝在社会背景方面存在天壤之别，因此将皇帝视为非凡之人，而“精明的皇帝往往会利用这一点”①。在宋代，儒学迎来了继先秦、两汉之后的第三次发展高峰和主动变革。中唐以来佛道两家的挑战，以及知识分子试图制约革故鼎新官制背景下的君主集权强化趋势、教化规约庶民社会，使得“新儒学”即宋代理学兴起，中华民族的文化血脉得以别开生机、赓续至今。②

“蒙古人建立了世界历史上最庞大的帝国。其疆域从里海延伸到太平洋，从北方的俄罗斯、西伯利亚、朝鲜到南方的波斯和缅甸。蒙古的军队甚至到达了爪哇岛和日本，只是没能取

①［美］阿尔伯特·克雷格：《哈佛极简中国史：从文明起源到20世纪》（修订珍藏版），李阳译，中信出版集团，2019，第119页。

② 参见复旦大学思想史研究中心、修远基金会研究中心编写：《中华文明通论》（精编版），中央社会主义学院、上海科技大学中华文明教育项目专用讲义（内部文稿），2016年12月未刊版，第181页。

分是满族人。尽管如此，两朝在制度和治理模式上十分相似，以至于有历史学家提出‘明清专制统治’，就好像这是一个单一体系。帝制中国的中央集权官僚政权历史悠久，明清只是其最后阶段。当唐朝重建中央集权帝国，中国人锻造出了一套非常高效的行政体系，并且与他们内心所熟悉的、教育所宣扬的社会准则极其吻合，以至于每次王朝覆灭后他们都能重建这一行政体系。即使是由外来征服者建立的王朝，也接受了这一模式的大部分。这一模式在明清显然得到延续，赋予两朝历史一种显而易见的循环形态。”[①] 应当看到，明代是中华文明圈形成的重要时期，一方面体现在明代对北方游牧民族的归化和治理，另一方面也体现在对周边政治体的朝贡治理和文化传播。同样在明代，专制皇权日益炽盛，贯穿帝制中国始终的君相矛盾至此有君权独大之势，特务政治颇为发达。随着从自然经济向货币经济的迈进，庶民社会这一新的社会形态逐渐兴起。如何将碎片化的庶民个体安顿在一种基于儒家基本价值原理的新型伦理秩序之中，既是王阳明心学的历史任务，又代表了一条中国近现代化的重要路径。[②] 清代中国，已成为一个多民族、

---

①［美］阿尔伯特·克雷格：《哈佛极简中国史：从文明起源到 20 世纪》（修订珍藏版），李阳译，中信出版集团，2019，第 146 页。

② 参见复旦大学思想史研究中心、修远基金会研究中心编《中华文明通论》（精编版），中央社会主义学院、上海科技大学中华文明教育项目专用讲义（内部文稿），2016 年 12 月未刊版，第 204 页。

多文化、贯通内陆腹地与海洋的庞大帝国。其对于中国历史与中华文明具有极其重大的贡献，不仅真正实现了“塞外一统”，为南北方融合性发展创造了历史条件，更重要的是面对辽阔的疆域，清朝创造了一套异用同体、多元一体的大一统的意识形态和治理模式，有效克服了多元治理的内在困难，建立了一个大一统国家的新形态。但与此同时，宗法制家天下王朝的诸多消极因素逐渐积累和爆发，由“开明专制”开启的帝制中国最后盛世，乃至整个古代中国国家史，均正走向其尾声。①

1945 年 7 月，访问延安的民主人士黄炎培先生曾向毛泽东主席提出所谓“天下兴亡周期律”问题：“我生六十余年，耳闻的不说，所亲眼见到的，真所谓‘其兴也勃焉’，‘其亡也忽焉’，一人，一家，一团体，一地方，乃至一国，不少单位没有能跳出这周期律的支配力。……一部历史，‘政怠宦成’的也有，‘人亡政息’的也有，‘求荣取辱’的也有。总之没有能跳出这周期律。中共诸君从过去到现在，我略略了解了，就是希望找出一条新路，来跳出这个周期律的支配。”据黄氏回忆，毛对此“新路”的回答异常地简略——“民主”！实际上，儒家立场的历代中国史家们，也从统治时间较长的王朝

① 参见复旦大学思想史研究中心、修远基金会研究中心编《中华文明通论》（精编版），中央社会主义学院、上海科技大学中华文明教育项目专用讲义（内部文稿），2016 年 12 月未刊版，第 227 页。

中总结出一个规律，称之为“王朝兴替”。他们将王朝的兴替阐释为“天命”。这种兴替往往从内战开始，以武力统一中国告终。实现统一是天赋王权的证明。开国之君通常精明强干，在巩固自身统治的过程中使国家恢复和平，重建社会秩序，政治和谐，经济随之发展。王朝达到顶峰的标志是公共工程的兴盛、大刀阔斧的改革和国防强化、金瓯永固。在这一阶段，中国看似十分强大，无可匹敌。然而，盛极则衰，军事扩张的巨大耗费和宫廷生活的日益奢靡，使国家财政入不敷出，王朝江河日下。皇帝的权力被削弱，朝中充斥着各种阴谋，中央控制力不足，地方官员和军阀割据一方。最终，运河等公共工程年久失修，洪灾肆虐，瘟疫横行，叛乱爆发，王朝分崩离析。[1]儒家立场的史家们往往会对亡国之君进行道德批判，却未能真正跳出这“周期律”，找寻到“王朝兴替”的真正因由。本章所勾勒出的中国古代国家演化和政权更替的基本轮廓，背后自然有其机理所系，自然不能戴着道德审判的有色眼镜去看待，也不能用“是非成败转头空”的历史虚无主义态度去看待。阐明古代中国国家治理的体系、能力及其现代转化，将是本书后续章节的主要任务。

① 参见［美］阿尔伯特·克雷格：《哈佛极简中国史：从文明起源到 20 世纪》（修订珍藏版），李阳译，中信出版集团，2019，第 56 页。

第三章

古代中国国家治理体系如何构成？

劝君少骂秦始皇，焚坑事业要商量。

祖龙魂死秦犹在，孔学名高实秕糠。

百代都行秦政法，十批不是好文章。

熟读唐人“封建论”，莫从子厚返文王。

——毛泽东《七律·读〈封建论〉呈郭老》

乱莫大于无天子，无天子则强者胜弱，众者暴寡，以兵相残，不得休息。

——《吕氏春秋·有始览·谨听》

民之治乱在于有司。

——《吕氏春秋·有始览·务本》

国家治理体系和治理能力是一个国家制度和制度执行能力的集中体现。国家治理体系指的是一整套紧密相连、相互协调的国家制度，是一系列国家治理体制与机制的集成和总和；国家治理能力则是运用国家制度管理社会各方面事务的能力，是制度的执行能力。国家治理体系和治理能力两者相辅相成，单靠哪一个治理国家都不行。国家治理体系和治理能力虽有紧密联系，但又不是一码事，不是国家治理体系越完善，国家治理能力就越强。综观世界，各国各有其治理体系，而各国治理能力由于客观情况和主观努力的差异又有或大或小的差距，甚至同一国家在同一治理体系下不同历史时期的治理能力也有很大差距。治理国家，制度具有根本性、全局性、长远性作用。然而，没有有效的治理能力，再好的制度也难以发挥作用。

传统中国国家治理曾经积累了大量曾经在历史进程中行之有效、足以维系一个广土众民跨体系大国的基本制度，如皇帝制度、宰辅制度、台谏制度、选举制度、考绩制度、史官制度、司法制度、军事制度，等等，进而有效地处理了传统中国国家治理的基本关系，如分裂与统一、集权与分权、中央与边疆、庙堂与江湖、因袭与鼎革、逆取与顺守、官府与经济、中国与外邦，等等。例如，皇帝制度作为传统中国国家的制度中枢，衍生出君相体制及官僚体制，进而演绎出选贤体制和乡绅传统；郡县制度取代封建制度，牢固树立了统一的单一制中央集权国家，建立了地方直接受控于中央政府的官僚政治体制；三省六部制则是帝制中国全盛时期中枢政治体制的基本运行架构，高度强调决策的内部过程性与功能性分权；科举制度提倡分科取士，构成了有效促进社会纵向流动、提升人才录用与政治吸纳能力的延绵 13 个世纪的中国特色“选举”；监察制度强调从中央到地方各级监察机构单线垂直的管理，而对监察官员的派遣则贯彻“以小驭大”原则；史官制度则体现了中国政治评判独具一格的历史感，可以说史书就是帝王的判官。由上述种种国家治理制度引申出家国同构与差序格局，引申出作为基层治理主体力量的乡绅制度，引申出由循吏制度、乡老制度、宗族制度、乡约制度等共同构成的教化制度。

本书第三章和第四章，将分别扼要介绍古代尤其是帝制时代中国国家的治理体系与治理能力。由于国家制度一般包括国体和政体两个方面，考察中国古代国家治理体系，离不开考察中国古代国家的国体与政体问题。本章将以两节篇幅分别讨论之。

根据马克思主义国家观，所谓国体，是指一个国家的性质，亦称国家的阶级本质。具体地说，就是社会各阶级在国家中所处的地位。统治阶级的性质决定着国家的性质。国体即国家的阶级本质，它是由社会各阶级、阶层在国家中的地位所反映出来的国家的根本属性。它包括两个方面：一是各阶级、各阶层在国家中所处的统治与被统治地位；二是各阶级、阶层在统治集团内部所处的领导与被领导地位。在马克思主义基本原理尤其是历史唯物主义指导下，学者们一般将中国古代史划分为三个阶段，亦即原始社会阶段（距今约 170 万年—约前 2070 年）、奴隶社会阶段（约前 2070—前 475 年）和所谓封建社会阶段（前 475—1840 年）。结合国体学说，除原始社会尚不存在国家外，我们大可以将古代中国国家的国体分为奴隶主（相对于奴隶的）专政与地主（相对于农民的）专政两大历史类型。应该看到，采取此种“国体观”进行古代中国国家国体分析，有利于揭示“经济基础决定上层建筑”以及“国家无非是阶级统治的特别是阶级压迫的工具”等真理；然而，以此种“国体观”为指导的古代中国国家国体分析已经很多并为国人所熟知，但未必能够充分揭示古代中国国家治理体系（特别是国家权力分配纵向体系）的准确面貌，因此有待于在坚持唯物史观指导的前提下，找寻更为立体翔实的国体分析方式。

对此，现代政治理论关于国体问题的看法，值得我们参考借鉴。这种政治理论特别是国家理论，倾向于将国体视为“国家的形体”，将政体视为“政府的形体”。此种国体与政体的区分，始于法国思想家让·博丹（1530—1596 年）。但西方政治学有着漫长深厚而根深蒂固的“政体”比较、分类传统，早在古希腊城邦时代，亚里士多德便曾开展过对不同城邦政体的比较研究，随着西方政治史上各种政体的纷繁登场与循环往复，不同时期的西方政治思想家们对政体进行了长期的总结和研究。古典政体分类倾向于以“统治者人数的多寡”为经，列举出“一人统治”“少数人统治”及“多数人统治”三种子类型；以“统治的正义性”为纬，列举出“正宗或维护公共利益的”及“变态或维护私人利益的”两大子类型，进而产生出六类乃至更多的政体类型，如“王制、僭主制、贵族制、寡头制、民主制、暴民统治”等。现代政体分类则开始为“民主”（特别是所谓“自由主义民主”）正名，日渐出现“民主—威权—极权”的具有西方中心主义和居高临下心态的刻板分类方式，亦即有别于中国“政道思维”的所谓“政体思维”。然而也应看到，对于各阶层主之间的调和，以及对于不同属性国家权力之间的制衡，分别构成了古今共和主义盛赞的“混合政体”，亦成为祛除意识形态成色之后的大规模政治共同体得以长治久安的政体保障。换言之，对于广土众民的国家而言，共和政体才是真正行之有效的政体形式。而在“国体”分类问题上，现代政治理论倾向于采取两分法予以处置。首先，按照国家元首的产生方式，可将国体区分为君（主）国与民（主）国；其次，按照政治权力在一国之内中央与地方之间的纵向分配方式，则可分为单一制国家、联邦制国家与邦联制国家。这两种国体分类并非必然互斥，而是可以结合开展。

依照前文所述的国体分类学说，我们可以从国家元首产生方式上，将古代中国国家定位为君（主）国；从中央和地方权力纵向分配方式上，将古代中国国家定位为单一制国家。对于古代中国国家国体层面的“君（主）国”的分析，以及其在政体层面上究竟是否“专制国家”的分析，将在本章第二节以皇帝制度为核心开展讨论；而对于古代中国国家国体层面的“单一制国家”的分析，则将在第一节以中国政治的核心议题“封建与郡县”为核心开展讨论。

第一节　国体：封建与郡县

一、“自部落变为封建，自封建变为郡县”

我国著名历史学家吕思勉先生在所著《中国国体制度小史》开篇指出：“吾国今日，巍然以大国立于世界矣。然此等局面，特自秦以来耳。由此上溯之，则为大国七，小国十余。更上溯之，则国名之见于《春秋》及《左氏》者，凡百四十。又上溯之，其确数虽不可知，然时愈古则国愈多，则理之可信者也。然则众国分立之中国，果何由而成为大一统之局邪？”[①]

吕思勉点明的“时愈古则国愈多”这一现象，本书第二章亦有所论及；而吕先生的核心关切，则是大一统之“中国”，究竟如何由天下万邦之“众国”演化而来。从方法上看，封建与郡县一如分裂与统一，确实曾经在中国古代史上出现过多次反复，然而正如评价一个人体应该就其常态之下即未生病时入手，而非就其非常态即病态之中立论；评价一国国体亦然，“当主其常不主其变”。而中国古代国家国体变化的常态大势不是别的，正是“自部落变为封建，自封建变为郡县”。[②]

“封建之地”的面积是“古小而后世大”，“封建之国”的数目则是“古多而后世少”。[③]《左传》曾记载：“禹合诸侯于涂山，执玉帛者万国。今其存者，无数十焉。”《荀子》也指出：“古有万国，今有十数。”西周初年，曾分封 400 多国，另有服膺追随之国 800 多个，但到了战国之际剧烈缩减为 10 来个，其中强国有 7 个，亦即所谓“战国七雄”。各封建邦国对于外围“无主之地”的武装拓殖（特别是春秋时的晋、楚、齐、秦，战国时的燕，向原不在华夏核心区域的四方拓地甚

① 吕思勉：《中国国体制度小史》，知识产权出版社，2018，第 3 页。
② 吕思勉：《中国国体制度小史》，知识产权出版社，2018，第 73、74 页。
③ 吕思勉：《中国国体制度小史》，知识产权出版社，2018，第 8 页。

多），以及各封建邦国之间的相互战争与并吞，造成了上述趋势；而晋、楚、秦等汲取、动员等能力不断强大的邦国，较早有能力将新获得土地用中央任命派驻官员加强直接统治的方式治理，亦即进行了以“郡县”取代“封建”的制度突破与创新，使得在彼此激烈战争中幸存和壮大起来的各封建邦国进行制度效仿，奠定了“天下”层面在获得统一之后用更具中央集权性质的郡县制取代封建制的基础条件。

然而，封建制曾经发挥出的历史政治意义也是不容忽视的。完全可以说，没有封建制的铺垫，就谈不上郡县制的构建。“自彼此无关系之部落，进而为有关系之天子诸侯，则自分立进于统一之第一步也。”[①] 封建制的意义还在于：“同姓、外戚、功臣、故旧之分封”，对于中国的统一具有绝大之关系。“盖古者车未同轨，书未同文，行未同伦，所恃以团结异族，树统一之基者，实赖一优秀之民族，将其文明，移殖各地也。”[②] 明末清初思想家、具有深刻历史眼光的王夫之，则在其《读通鉴论》卷一中如是论述封建制取代部落制的重大意义：“天之使人必有君也，莫之为而为之。故其始也，各推其德之长人、功之及人者而奉之，因而尤有所推以为天子。人非不欲自贵，而必有奉以为尊，人之公也。安于其位者习于其

① 吕思勉：《中国国体制度小史》，知识产权出版社，2018，第 7 页。
② 吕思勉：《中国国体制度小史》，知识产权出版社，2018，第 17–18 页。

王夫之

道，因而有世及之理，虽愚且暴，犹贤于草野之罔据者。如是者数千年而安之矣。”

王夫之这段话的要点有二：首先，人皆当结“群”，群皆当有“后”（即领袖），这可以说是不以人类意志为转移（“莫之为而为之”）的公道天理。其次，《礼记·礼运》所言的“小康”时代，遵循“大人世及以为礼”的封建世袭原则，实际上较之部落制度更有利于定分止争，而“世卿世官世禄”的领导人遴选制度安排，亦有利于保障国家治理知识与技能的有效承袭（“安于其位者习于其道”）。因此，封建制遂得以施行“数千年而安之”。然而，关于封建制被郡县制取代的政治理性和历史必然性，王夫之又作如是说：“古者诸侯世国，而后大夫缘之以世官，势所必滥也。士之子恒为士，农之子恒为农，而天之生才也无择，则士有顽而农有秀；秀不能终屈于顽，而相乘以兴，又势所必激也。封建毁而选举行，守令席诸侯之权，刺史牧督司方伯之任，虽有元德显功，而无所庇其不令之子孙。势相激而理随以易，意者其天乎！阴阳不能偏用，而仁义相资以为亨利，虽圣人其能违哉！选举之不慎而守令残民，世德之不终而诸侯乱纪，两俱有害，而民于守令之贪残，有所藉于黜陟以苏其困。故秦、汉以降，天子孤立无辅，祚不永于商、周；而若东迁以后，交兵毒民，异政殊俗，横敛繁刑，艾削其民，迄之数百年而不息者亦革焉，则后世生民之祸亦轻矣。郡县者，非天子之利也，国祚所以不长也；而为天下计，则害不如封建之滋也多矣。呜呼！秦以私天下之心而罢侯置守，而天假其私以行其大公，存乎神者之不测，有如是夫！”

封建制终于被郡县制取而代之，实际上亦是出自天意（“势相激而理随以易，意者其天乎”“存乎神者之不测”），亦即德国哲人黑格尔所言的某种“理性的狡黠”。“秦以私天下之心而罢侯置守，而天假其私以行其大公”。郡县制确实可以增强中央对于地方的集权控制，避免“强枝弱干”“尾大不掉”的乱局；确实可以保障国家治理人才来源的广泛性，避免封建贵族“一代不如一代”的治理素质的退化，也可避免长期“举枉错诸直”导致的政治参与乏力和阶层关系紧张。然而，在非常态事变（如外寇入侵、内战爆发等）之下，郡县制国家的天子往往会陷入关键时刻缺乏亲信力量拱卫的危险状况（“郡县者，非天子之利也，国祚所以不长也”）。但是，计利当计天下利，求名应求万世名，若为天下苍生和千秋万代考虑，则与封建制相比，更具有单一制中央集权特性和普遍化公共价值的郡县制，无疑具有“两害相权取其轻”的相对优势。王夫之甚至进一步指出:“世其位者习其道，法所便也;习其道者任其事，理所宜也。”而更能够保障“贤而秀者，皆可以奖之以君子之位而长民”的郡县制，其核心制度精神是用“以德致位”(“习其道者任其事”)取代“以德配位”(“世其位者习其道”)，无疑保障了国家权力(“位”)的开放性，足以促进社会活力的充分涌流。当然，郡县制取代封建制，直接原因还是出于秦始皇“家天下”而非“公天下”的私心，是为了加强乾纲独断的国家集权性。“郡县制”的精神实质，首先还是一种中央地方间的国家权力配置结构。

在此不妨举一个例子。今天的中国人，对于“郡”已无太多认知，但是“县”就不一样了。这是因为，“县”仍然是延续至今的中国行政区划，其行政地位与市辖区、县级市、自治县、旗、自治旗、特区、林区相同，同属“县”级行政区，由地级市、地区、自治州、盟、直辖市管辖或由省直接管辖;目前我国设有约 1300 个县。那么，“县”字的来历又是怎样的呢?吕思勉先生曾经指出，“县”的本义是“环绕”的“环”，既是指上古所谓“九州”实为九个被大水环绕的“大岛”，也是指后世建筑宫室乃至城池须有的“护城河”[①]（大家可以想想，“城池”少不了一个“池”字）；我们亦可借此理解，为什么“神州”也称“赤县”。但更为学术界接受的说法则是：“县”者，“悬”也。在其未被用作地方行政单位名称之前，本来与“悬”为同一个字，意为“悬挂”“联系”。由于西周时周王的食邑叫王畿或国畿，而畿内土地与周王“联系”至为紧密，因此《说文》把“县”字解释成“天子畿内，县也”。最早有文字可考的以“县”作为行政区划称谓，在春秋时的晋国即已产生；而最早创建“县”制者则是春秋时的楚国。公元前6世纪中期，楚国屡次攻打陈国。但这个陈国的来头可不一般，其国君乃是虞舜的后代，而陈国则是西周初年秉承“兴灭继绝”原则封建的“三恪”之一。周朝新立，封虞、夏、商之后于陈、杞（没错，就是“杞人忧天”的那个杞）、宋（商人后裔封国，也是孔子祖上的老家），以便使上述三代香火不绝，称三国为“三恪”，以示敬重（也是一种“统战”）；而后世帝王亦多承袭所谓“三恪”之制。新生霸蛮的楚国占领了鼎鼎大名的虞舜后裔的土地后，其实颇感头痛，最终效仿天子王畿之“县”，在陈国土地上建立“县”制。所以吕思勉先生曾讲：“秦汉时之县，多古国名。盖沿自

① 吕思勉：《中国国体制度小史》，知识产权出版社，2018，第37页。

春秋战国之世，灭国而以为县也。”[1] 春秋时期，“县”最初设置在边疆之地，除了因其固有土地军事意义重大而设县，主要是在新获得的土地上设县；到了春秋后期各国才把县制推广到内地，而逐渐在边疆之地设郡，郡的面积未必比县大，但因为处在边地、人众稀少、财富贫乏等原因，地位在县之下。战国时期部分强国开始出现以郡统县、郡下设县的创制，逐渐产生郡、县两级制。“至于秦而我国之（郡县）国体定矣”[2]，秦统一六国后，确立郡、县二级制，全国分为 36 郡，郡下设县。“秦汉时之县，即古者百里之国也；其郡，则五百里之国也。”[3] 隋唐以后，县相继隶属于府、州（郡）等普通行政单位或军、监、厅等具有较强军事属性的行政单位。

从封建制到郡县制并非一蹴而就的历史过程，而是充满了曲折乃至反复。几百年的宗法分封、藩屏王室的思想深深影响着后世君王甚至士大夫，从秦到清历朝历代都有“封建”与“郡县”之争。作为一项具体的制度，封建制在秦以后的很长时间里也可谓百足之虫，死而不僵。吕思勉先生认为秦朝之后有四次封建之“反动”。第一，秦亡之后，项羽尊楚怀王为义帝，分封天下为十八诸侯所有。第二，西汉初年分封与郡国并

① 吕思勉：《中国国体制度小史》，知识产权出版社，2018，第 10 页。
② 吕思勉：《中国国体制度小史》，知识产权出版社，2018，第 52 页。
③ 吕思勉：《中国国体制度小史》，知识产权出版社，2018，第 51 页。

行。刘邦在位之初，为安抚功臣先分封八王；后又封子弟，使之与异姓王相互牵制，晚年剪除异姓王并确定非刘氏不封王的原则。第三，西晋之分封。由于魏晋帝位的更替多是通过宫廷政变实现的，因此晋武帝认为要防止这种事变重演，就必须壮大皇族在地方的实力。因此晋武帝即位后，大封宗室。西晋初年同姓王就有二十七王之多。第四，元明分封。元代在部分地区实行投下分封（投下：指诸王驸马勋臣所属的人户或封地），投下领主享有政治经济特权，建有独立的官僚机构，对所属人户进行统治。而“明祖即位之后，又惩宋、元之孤立，复分封子弟于要地，于是……诸国一时并置，及建文削藩诏下，而靖难兵起矣”①。封建制作为与郡县制对立的一种政治制度，在这四次“反动”中，最后都因为带来了政局动乱而被否定。我们也可以从中发现，封建制的本质逐渐变化，影响力也逐渐削弱。如果从其分封的名号上看，第一次“反动”的结果是有国无郡，第二、三次“反动”的结果是郡国并立，第四次“反动”的结果则是有郡无国。

二、封建在郡县天下中的制度延伸

古代中国国家治理体系中的“封建”，实际上迥异于马克思主义经典作家所讲的作为特定经济生产方式乃至政治统治方

① 顾颉刚、史念海：《中国疆域沿革史》，商务印书馆，1999，第 189 页。

式的“封建主义”，我们也很难借此找寻到与西欧理想类型的作为社会发展特定阶段的“封建社会”完美对应的中国“封建社会”。在此领域，学术界近年来取得了大量成果。[①]对此，本书并不做过多的讨论，只需引用现代大儒梁漱溟先生 1949 年著作《中国文化要义》中发出的一个诘问，或可使亲爱的读者略有感受吧。梁漱溟先生指出：“（被不少史家机械照搬判定为‘中国封建社会’的两千多年里）特如流行谚语‘耕读传家’，‘朝为田舍郎，暮登天子堂；将相本无种，男儿当自强’之所表现者，试问世上焉得有此封建社会？”[②]

“封建”者，“封邦建国”之谓也。我们亦可称之为天子“裂土授民”之制。它是先秦周朝的根本政治制度和纵向国家权力关系意义上的“国体”，规定了当时政治权力的分配方式和运行形式，确定了不同阶级的政治权利和政治义务。它不仅是几百年井田制的政治保障，还是社会宗法理念的制度体现。因此，称之为先秦中国国家的“国体”，堪称名副其实。然而，如此重要和强固的“封建制”，经秦朝以后便不断变化，最后生成为一种辅助性的国家权力分配制度，我们可以称其为“封爵制”。封爵制已不具有封建制一样的社会主体地位，在

① 这方面最好的著作，当推冯天瑜：《“封建”考论》，湖北人民出版社，2018。

② 梁漱溟：《中国文化要义》，上海人民出版社，2011，第 165 页。

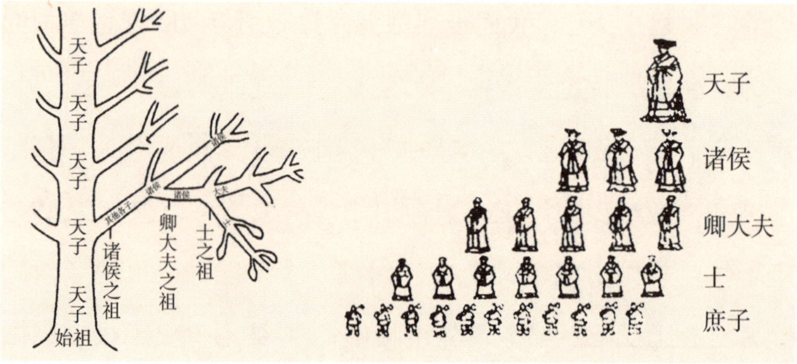

封建制度

后世政治制度中仅占次要地位，“只是专制主义中央集权体制下的政治等级制的一部分”[①]。当然，这并不是否认封爵制的重要意义，作为一种制度存在，封爵制对缓解统治阶级内部矛盾和维护社会礼仪秩序等方面都起着不可替代的作用。通过考察封爵制这一封建在郡县天下中的制度延伸，亦足以一窥中国古代国家治理体系的变与常。

要分析封建制向封爵制的演化过程，首先要明确这两种制度的各自特点以及内在关系。中国的封建制全盛于西周，《诗经·鲁颂·閟宫》中有“锡之山川，土田附庸”之句，表达的就是分封的最初之意。“分”指的是受封诸侯国由中央分出去，强调的是诸侯国对宗主国的隶属关系；“封”指的是

① 杨光辉：《汉唐封爵制度》，学苑出版社，2002，第 54 页。

“授土”“授民”，强调的是最初负有武装殖民之职责的地方政权的建立。西周封建主要具有以下特点：第一，土地国有，即天下土地归王室所有。“溥天之下，莫非王土；率土之滨，莫非王臣。”天子把土地分给诸侯贵族，诸侯贵族又把领地分封给卿大夫。但所封之地只是给他们享用而不能归私人所有，不能随便买卖。这种授予的土地，天子（理论上）有权收回。第二，受封者有治民之权。在封地内，邦君有权任命官员，征收赋税，甚至保有自己的武装力量。第三，受封对象主要是皇亲国戚。西周分封主要是在父子兄弟叔侄间，或者与姬姓有世代婚姻关系的异姓中进行，诸侯在自己的封国内也依照同样的原则进行了宗法分封。第四，受封者要承担义务。诸侯对于天子的义务主要有：定期朝觐周天子，向中央缴纳贡赋；保卫王室，必要时出动军队勤王等。此外还得承担一些祭祀、吊丧、庆贺等方面的义务。如果诸侯未履行其应尽的义务，则周天子（理论上）可以收回分封地，削减其爵禄。西周封建制的本质就是：分天下而治之，赋权特定受封者为一领地上的宗主，使之在自己的统治范围内享有完全的或较大的政治、经济和军事权力。而封建制的作用乃是“藩屏王室”，以利贵族统治群体。

封爵制的产生时间无法确定，有人认为先秦即已出现，如秦朝的二十等军功爵，但这种封爵制在当时与封建制的区别不甚明显，尚未与官制发生彻底的分离。作为郡县天下中封建制之“孑余”的封爵制，仍然是一种等级制度，但它是从属于郡县制的。其特点主要表现在以下方面：第一，不裂土不治民。“分封而不锡土，列爵而不临民，食禄而不治事。”例如：“唐制，分爵凡九：曰亲王，曰郡王，曰国公，曰郡、县开国公，曰侯，曰伯，曰子，曰男，皆无土，加实封者，乃以其租调与之。盖徒锡以荣名，并实禄亦不能尽给焉。”① 可见，所谓分封而不锡土，就是只有封国，而无实土。列爵而不临民，则是只有封爵，而不直接统治地方。食禄而不治事，则是只支领岁禄，而不担任任何政府工作，封区的行政由中央派人员直接进行治理。总之，封爵制中的王侯仅有虚位，没有实权。第二，爵号与官职分离。分封制下实行的是世卿世官，有爵号就一定有官职。战国以后由于官僚制的逐渐实施，官员的任用已有一定程序，有爵位者不一定有官，爵位是官职外的特殊待遇。例如唐中期以后，宗室子孙封王者均在京城，大臣封公侯者也不能世袭。因而，受爵者如不担任实际官职，对政治活动就没多大影响。第三，实行“亲”与“功”的封爵原则。一方面，宗法制仍为封爵基本准则。历朝历代封爵号为王者绝大多数是同姓皇族。唐初亦无异姓封王者，后虽有封王者，只是

① 吕思勉：《中国制度史》，上海教育出版社，2002，第 441 页。

郡王，而非亲王。清初为利用明朝降将，曾封汉族人为王，后康熙勘平“三藩之乱”后，撤藩图强，汉族人不再封王。咸丰时，洪秀全攻陷南京，咸丰帝曾云如能克复者，即封王爵。曾国藩克复南京，只封侯爵，其弟国荃封伯爵。另一方面，“非功不侯”的异姓封爵原则得以确立。“功”就是指臣子对君王和国家有功劳。魏初的曹冏曾指出，此一原则的核心思想是“树异姓以明贤贤”。这一原则体现了很强的公道精神，但往往由于皇权的干扰而失去原有目的。可见，封爵制的本质是一种等级特权制，它协调的是统治阶级的内部关系，“防止了僭越行为及超出限度的剥削”[①]。

尽管封爵制与封建制性质不一样，但它是从封建制演化而来的，所以两者在很多地方有相似之处：第一，都是对特权的认可。爵位代表着高于大众平民的等级地位，受封者实际上或形式上享有非爵者不具有的政治经济权力。第二，都有一定的周期性。爵位不等于官位，被封者一般被视为皇权集团中的成员且有很高地位，在正常情况下它只能是少数人才可享有的权利，因此爵位的授与夺“有别于职官的任免迁黜，并非日常性的政务”[②]。封建制下，由于各受封者要享有较独立的统治权，所以一般受封者都是开国时君王给予爵号。而封爵制之施行，

① 杨光辉：《汉唐封爵制度》，学苑出版社，2002，第3页。
② 杨光辉：《汉唐封爵制度》，学苑出版社，2002，第110页。

则大致与王朝的实力同步。王权越强，受封者越多。据考证，西汉与东汉中期的授爵数，均比开国或末期的授爵数多，而魏晋时期却集中在开国时期。第三，都以“人”为中心，不以“事”为中心。对于封建制而言，宗法血缘关系一直是分封的原则，“亲亲”是一切政治的基础。而在封爵制下，王爵的授予也是以亲为标准，所谓“亲王”是也。但关于异姓的“非功不侯”，在实际操作中却往往大打折扣。“功”的标准由皇帝定夺，故具有很强的主观随意性，“皇帝可以根据自身的需要，对功的内涵加以诠释，从而筛选出合适的封爵任选”[①]。这就必然会违背以“事”为中心的原则。两汉时期就出现了所谓的“恩泽侯”“外戚侯”。这些都是皇帝凭其个人喜好而封的无功之侯爵。两晋时期，士族门阀的权力如日中天，那时的封爵则往往成为个别大家族的禁脔，“上品无寒门，下品无士族”的诗句，在一定程度上说明了当时的政治景观。

从封建制走向封爵制，也体现出古代中国国家王权不断加强的趋势。“分化是封建政治的一大特点。”[②]在封建制下，帝王的权力受到各诸侯国的限制，如“白马之盟，乃皇帝、诸侯王和功臣列侯三者间的契约”[③]，它将三者之间相对对立的关系

① 杨光辉：《汉唐封爵制度》，学苑出版社，2002，第125页。

② 瞿同祖：《中国封建社会》，上海人民出版社，2003，第204页。

③ 李开元：《汉帝国的建立与刘邦集团》，生活·读书·新知三联书店，2000，第228页。

以盟誓形式加以确认，对阻止皇权任意扩张有着积极的作用。然而，封建制向封爵制的转化，体现出王权不断膨胀的趋势。不管四次封建之“反动”是以什么目的进行的，最终均因强大的中央权力干涉被废止。封爵制是完全受皇权支配的等级制度，凡属封爵，均由诏令，即便有“门阀士族对封爵制度的利用，也仅仅是相对短暂的历史现象”①。

任何制度的产生和变化都是社会矛盾作用的结果，分封制向封爵制的转变同样也是如此。宗法原则本是和西周春秋封建制相匹配的，随着秦朝官僚政治的建立，它本应该动摇崩溃。但事实是宗法组织被后世未做根本变革地继承下来，并与新的国家权力结构发生了一定冲突。宗法社会结构与官僚政治结构之间的矛盾，可以说正是封建制向封爵制演变的根本动力。这个矛盾既体现为前述中央集权与等级特权之间的矛盾，也体现为统治权力多元化要求和皇权家族化之间的矛盾。就后者而言，随着社会的不断发展，不同的权力主体不断兴起。秦以降，地主经济不断成为主体，土地可以自由买卖，且商品贸易规模也得以不断扩大。于是大地主者可“田连阡陌”，大商贾者“富可敌国”。随着实力的增强，他们必然要求对统治权力进行分享。另一方面，中国古代的国家权力是由家权演化而来

① 杨光辉：《汉唐封爵制度》，学苑出版社，2002，第 235 页。

的，君主必然要维护其最高统治权的家族性，绝对不可能对其进行分割。于是便产生了利益矛盾冲突。封建制因其挑战中央权力，已不合时宜了，那如何才能满足这些新生的非宗族内的权力主体要求呢？这时最好的办法就是扩大皇权基础，对异姓进行封爵，把他们纳入自己的“关系户”之列。由于封爵权掌握在君主手中，所以对所谓功臣的封爵具有很大的主观性。异姓受封者是否具有真正功劳已不太重要，重要的是他们通过受封能“自我认同”跻身皇权集团成员之列。这就一方面保证了王权的家族化，另一方面也满足了多元权力分享的要求。

第二节　政体：皇帝制度

一、皇帝是个“高危职业”

谈到皇帝，读者诸君不免会想到具有生杀予夺的无上权力，且可终身任职、福泽子孙、深居紫禁却坐拥无限江山与天下万民，赫赫威仪、作君作师、集最高权柄和最高真理于一身，沟通人间与天庭的“有朽的神”，奉天承运的“天之骄子”等情形或形象，甚或会想到那些具体的开国之君、一代雄主、千古一帝，一如“秦皇汉武唐宗宋祖”等帝王，以及种种历史戏说文艺作品中很酷的康熙大帝、很忙的四爷雍正、完成“十全武功”却依旧很潇洒的乾隆……

然而事实果真如此吗？

唐太宗李世民取得皇权的“玄武门之变”可以说是无人不晓。笔者少时非常喜欢看一部电视剧，便是反映那段传奇故事的，由香港无线电视摄制、1984 年首映的 20 集古装连续剧《决战玄武门》。之所以喜欢，不仅是因为该剧云集了黄日华、翁美玲、苗侨伟、汤镇业等一众明星，更是因为由黄霑先生填词、顾嘉辉先生作曲、鲍翠薇女士演唱的该剧主题曲《梦里几番哀》，一唱三叹，愁肠百转，唱尽了皇权争夺的残酷及其对人性、爱情的荼毒：

问你可知否？你追我逐去将河山改。
聚了百般怨，令到深心难载。
恨有几多种？你争我夺那恩情不再。
梦要几番追，竟需要断爱。
独霸高处，心中可有感慨？
在你心里，是否空虚难奈？
梦里几番哀，叹惜痛恨你身沉苦海。
梦里几番怨，惋惜失去热爱。
梦里千番，叹惜朱颜改。

对于中国历史从秦到清、大小分合 53 个朝代的 348 位皇帝，我国政治学家浦薛凤先生曾经聚焦帝位获取及继承过程中的危机祸乱问题，进行过周密的统计分析。① 其主要发现颇为惊人，兹摘要列举如下：

（1）这 348 位皇帝的平均在位时间仅为 12 年。

（2）登基后屁股还没有捂热（做皇帝不过 1—3 年）便因种种原因（内部篡弑、外敌亡国、夭折或病亡等）去职者，竟然占到皇帝总数的 33%！

（3）活到 60 岁以上的皇帝，占比仅为 13%；而未满 20 岁便死掉的，占比为 12%；活了 20—40 年的，占比高达 52%。

（4）2000 余年来，“命运多舛”的皇帝，占比高达 44%。其中或则被废，或则被俘，或则投降，或则横遭篡弑。

（5）从产生方式上看，皇帝的“出身背景”可分为创业开国者（占比 15%）、先帝生前预定为储君者（占比 43%）、先帝死后被选推为嗣君者（占比 33%。皇位继承的原则，在嫡子继承制的大前提之下，包括但不限于传长、传幼、传贤，等等）以及作为皇室成员暴力夺权者（占比 9%）。其中第二类，即预先定为储君并能顺利接班者，占比为 50%。

（6）从秦初到清末，皇位继承（由外或由内）所发生的

① 参见浦薛凤：《政治文集》，台湾商务印书馆，1981，第 189-200 页。

危机祸乱共计262次，其中208次直接涉及皇位争夺，54次事关储位之斗争。在这262次与皇位继承相关的危机祸乱中，具有暴横属性的危机占比高达85%！

当然，历史上也存在“统治者一人取得绝对的权力，不受约束、不受限制，可以为所欲为（当然也还是受他所处的时代条件限制的）的情况”，但这种情况是极其特殊的，且和当时的政体没有太大关系，君主制、共和制、城邦制，甚至民主制、民主集中制下，都会出现这种情况，所以马克垚先生倾向于把这种情况称为个人独裁，而不是一种政体。[1]

梁启超先生曾经详细列举出中国皇权的掣肘因素，包括史官制度、谏官制度、采风制度等“限制机关”，还包括文艺讥刺、舆论物议、天谴灾异，甚至追加谥号的盖棺论定等限制机制，最终使得严密遵循“先圣之教”即儒家道统的时代，其帝王成为“天下之最不能自由者”：“及其立而为

梁启超

① 参见马克垚：《古代专制制度考察》，北京大学出版社，2017，第40-41页。

君，则有记过之史，彻膳之宰，进善之旌，诽谤之木，敢谏之鼓，瞽史诵诗，工诵箴谏，大夫进谋，士传民语；设为种种限制机关，使之不得自恣。盖遵吾先圣之教，则天下之最不能自由者，莫君主若也。犹惧其未足，复利用古代迷信之心理，谓一切灾异悉应在人主之一身，而告之以恐惧修省。及其殂落，则称天而谥，动以名誉，名曰幽厉，百世莫改。”①

1902年，梁启超先生写下了《论专制政体有百害于君主而无一利》一文，这篇文章堪称对于中国皇权政治负面遗产的一个总清算。首先，该文历数了历代皇权衰乱灭绝的原因，除却外敌入侵和农民起义，尚有皇权旁落的十条原因。这十条原因，对于皇帝而言都是莫大的风险，可谓条条致命：

> （1）贵族专政；（2）女主擅权；（3）嫡庶争位；（4）统绝拥立；（5）宗藩移国；（6）权臣篡弑；（7）军人跋扈；（8）外戚横恣；（9）佥壬（笔者按，即奸人）朘削；（10）宦寺盗柄。

其次，梁启超先生的这篇雄文，还将包括正统者与僭窃者在内的“其数不下千余”的中国历代君主的生涯做一盘点，指出“能实行完全圆满之专制者，能有几人乎”，“君主千数，而能真行专政权者，不过（此）三四十人”。由此足见“做

① 梁启超：《中国前途之希望与国民责任》，《饮冰室合集·文集》（第十册），中华书局，2015，第2686页。

皇帝很危险”，所谓“朕亦不知命在何时”，所谓“愿世世子孙勿生帝王家”，所谓“若何为生我家”，所谓“不及江南一富翁”等是也，真是不知“梦里几番哀”！而做皇帝的高风险，恰恰来自这一职位的巨大而垄断的权力诱惑：“天下之大欲集于君主，故天下之至危亦集于君主。”如果不是英明神武乾纲独断之君，则君主很大程度上可能会“非专制者，而反为被专制者矣”。而这十条原因或“十种恶业”的“乱本”，据说恰恰是专制政体本身，“专制政体一去，则彼十种者，无所附以自存，不必以人力防之也”。[①]

马克垚先生曾指出：“世界古代史上政治组织的主流是君主制。”[②]但今天的我们似乎久已置身于一个民主共和的时代。正如一位英国历史学者所见：“进入21世纪，君主制国家已寥寥无几，目前仅存十余个，此外还有若干独立公国和阿拉伯的酋长国。一度几乎是唯一统治形式的君主制，如今却显得不合时宜，他所寄身的民主世界已经近乎弃绝了这一制度所代表的一切：世袭特权、至高无上的阶级地位、财富特权，以及君主的特殊性乃至神圣性。”不同于“已成为当今世界主流治理模式的共和制”的“哲学和意识形态基础”，即“利用知识和理性来改变生活环境”，君主制“迎合了人类心理中更深层次

① 梁启超：《饮冰室合集·文集》（第四册），中华书局，2015，第843-849页。
② 马克垚：《古代专制制度考察》，北京大学出版社，2017，第39页。

的某种东西：渴求得到权威庇护，而又盼望将这种权威托付给能够维护一种既定生活方式的可靠之人”。[①]

不过，一如本章开篇所述，西方自古希腊城邦时代以降便已产生出颇为发达的政体学说。有鉴于此，对于中国，梁启超先生曾于1902年指出，自上古迄至20世纪初，“中国自古及今，惟有一政体。故政体分类之说，中国人脑识中所未尝有也”[②]。当然，梁启超先生所说的“惟有一政体”指的是君主专制政体，但他本人在同一文章中还是详加阐析了政治进化的六级阶段和七类政体：

> （1）族制政体；（2）临时酋长政体；（3）神权政体；（4）封建政体；（5）君主专制政体；（6A）立宪君主政体；（6B）革命民主政体。

而古代中国国家发展与欧洲的差异，则体现在：

> （1）欧洲已进化完六级阶段，而中国则只有前五级；（2）欧洲各级的时间长短相差不大，但中国的第五

---

① ［英］布伦达·拉尔夫·刘易斯：《君主制的历史》，荣予、方力维译，生活·读书·新知三联书店，2007，“序”第1页。

② 梁启超：《饮冰室合集·文集》（第四册），中华书局，2015，第810页。阎步克先生高度评价梁启超先生此文，指出：“《中国专制政治进化史论》一文，利用贵族制、封建制、中央集权与皇帝专制几个概念，为数千年中国政治史搭建了一个基本框架，这是一个创造性贡献。这篇名作，理应列入历史系学生的必读书。”阎步克：《中国传统政体问题续谈》，《北京大学学报》（哲学社会科学版）2017年第2期，第44页。

级即“君主专制政体”成立最早而持续时间最为长久；(3)直到距离当时“百年前”即19世纪初，“封建政体”在欧洲依然存在且至今“余焰未衰”，但在中国“则二千年前已铲除殆尽也”；(4)第一级的“族制政体”在欧洲早已不存，但在中国数千年来（作为宗法制）与第五级的“君主专制政体”携手并行。

用梁启超先生的话，上述差异中最大的特色，乃是中国“自秦以来，天下几一家矣。以二万余里之大地，而二千年来常统制于一王，此实专制政体发达之最名著者也”[①]。

读者诸君不难发现一条悖论：皇帝原来是个高危职业，但皇帝制度又是在古代中国郡县天下时期绵亘21个世纪之久的根本国家制度，对皇帝的敬畏与艳羡并存的社会心态恐怕持续更为久长。那么，古代中国国家的皇帝制度，在多大程度上算是“专制”的呢？

二、皇帝制度是“专制”的吗？

早在1899年的《论中国与欧洲国体异同》一文中，梁启超先生便曾指出中国与欧洲在国体上的两大差异：“欧洲自罗马以后仍为列国，中国自两汉以后永为一统”，以及“欧洲

① 梁启超：《饮冰室合集·文集》（第四册），中华书局，2015，第812-814页。

有分国民阶级之风而中国无之”。[①] 而在《中国专制政治进化史论》中，对于中国走出封建政体而牢筑君主专制政体的早熟性和持久性，梁启超先生再三提出，并将中国由上古至清代、“由地方分权趋于中央集权”的“封建制度之渐革”划分为十三个历史时期，进而彰明中国封建之制与欧洲日本的不同之处，亦即“欧洲有市府（笔者按，即城邦及其自治）而中国无有也”及“日本有士族而中国无有也（笔者按，即幕府时代与欧洲自治市民相仿之藩士）”，质言之，即中国历史鲜少民权传统，进而与君权专制相互促进。[②] 按照梁启超先生的看法，上述封建之制的差别，实则也是中国贵族政治的不显著性，同时也是从寡头政治走向“一人政治”的显著性。“贵族政治，为专制一大障碍。其国苟有贵族者，则完全圆满之君主专制终不可得行。”而在欧洲历史上，贵族“实为政治上一最大之要素”。[③] 正如马克垚先生所见：“西欧贵族势力，无疑比中国古代的强大，在它进入专制统治时，地方政治组织四分五裂，中央集权不够，直到资产阶级革命才消除了这些危害。但是贵族强大和所谓‘民主’没有什么联系，英国的大宪章是一个封建文件，是封建主向国王要求肯定或恢复其特权的文

① 梁启超：《饮冰室合集·文集》（第二册），中华书局，2015，第345-348页。
② 梁启超：《饮冰室合集·文集》（第四册），中华书局，2015，第814-820页。
③ 梁启超：《饮冰室合集·文集》（第四册），中华书局，2015，第821页。

件，和民主自由没有关系。”①

当然，在梁启超先生看来，贵族政治乃是“最不平等之政治也”“最不自由之政治也”，建立在等级乃至种姓基础之上，而“我祖国之历史，有可以自豪于世界者一事”，正是在历史进展中较早剥离了种姓或等级的成分，每次对于贵族政治的“裁抑”，同时也就是专制政体的“进化”。“要而论之，则吾国自秦汉以来，贵族政治早已绝迹，欧美日本于近世最近世而始几及之一政级，而吾国乃于二千年前而得之。”②然而梁启超先生在此发现了一大悖论：如果说贵族政治不自由不平等而中国专制君主政治“进化圆满无遗憾”的话，则中国“郅治早陵欧美而上”，但为何在当时出现恰恰相反的状况呢？这是因为，贵族政治虽然是“平民政治之蟊贼”，但同时也是“君主专制之悍敌”，也在西欧近世以来经常构成“平民政治之媒介”，进而造成了此种局面：“泰西之有贵族而民权反申，中国之无贵族而民权反缩。”西欧恰恰在“不平等”“不自由”的极致局面之下开出“反动力”，在王权、贵族权和民权的博弈角力中开出现代政治文明。梁启超先生针对中西专制政治，提出了令人击节称赞的观点，颇有托克维尔（1805—1859 年）

① 马克垚：《古代专制制度考察》，北京大学出版社，2017，第 42 页。
② 梁启超：《饮冰室合集·文集》（第四册），中华书局，2015，第 821-830 页。

对于现代民主（身份平等的社会状况）与贵族精神有关阐述[①]的神韵：西欧之专制政治乃是“有形之专制”，中国之专制政治乃是“无形之专制”；西欧之专制政治乃是“直接之专制”，中国之专制政治乃是“间接之专制”。[②]前者在近世“民气日昌、民智日开”，后者则“民气不聚、民心不奋”。[③]同一个中国专制制度，其成熟也早，其持续也久，但是这本可以“自豪于世界者”，如若“用之不善”便会“自弱于世界”。[④]

梁启超先生的深刻之处，还在于他独具慧眼地选择“权臣”作为分析角度，深入阐发了中国专制政治史上“权臣绝迹”的历史过程及其原因结果。所谓“权臣”，并无道德评价上的情感色彩，而是指“国中受委任之大吏，有独立之威权而不被掣肘于他人者”，如当时世界的英、德首相，如中国历史上的八大类权臣[⑤]。梁启超先生特别考察了其中中国“历代宰相名实之沿革”，“呜呼，仅以宰相一职，上下千古，而察其名实递嬗之所由，当益信吾所谓中国专制政体进化达于完全

① 参见［法］托克维尔：《论美国的民主》（上、下卷），董果良译，商务印书馆，1997。

② 梁启超：《饮冰室合集·文集》（第四册），中华书局，2015，第830-832页。

③ 梁启超：《饮冰室合集·文集》（第二册），中华书局，2015，第348页。

④ 梁启超：《饮冰室合集·文集》（第四册），中华书局，2015，第830-832页。

⑤“在中央政府者”有六类，即“受顾命者”“有大勋劳者”“以特别之才术结主知者”“贵戚”“简介者”以及“以近习便佞进者”；“在外者”有两类，即“藩王”和“方镇”。参见梁启超：《饮冰室合集·文集》（第四册），中华书局，2015，第833页图表。

圆满之说，诚非过言矣”[1]。中国专制政体史上，履行宰辅职责者有“真相”亦有“假相”，君相角力中专制君主逐渐得势，梁启超先生总结出四条“名实不副之相”的特征（同时也是专制君主在君相角力中采行的策略“法门”）：（1）位不甚高，望不甚重，易于驱策；（2）不得自辟下属衙门；（3）白白掌有票拟之权，但实际权力不独立，甚至与书记员无异，甚至当时的军机大臣都逐渐沦为“留声机器与写字机器”；（4）同一职位数人充任分权，无法擅自专权。这未必是行政机关的退化，但确凿是专制政体的进化。[2]

到了1906年，梁启超先生发表《开明专制论》一文，提出了更为系统的政体学说。国家可分两类，一是“非专制的国家”，二是“专制的国家”。前者乃是“一国中人人皆为制者，同时人人皆为被制者”之国，又可细分为“君主贵族人民合体的非专制国家”“君主人民合体的非专制国家”“人民的非专制国家”三个亚类。后者则是“一国中有制者有被制者，而制者全立于被制者之外，为相对的地位者”之国，又可细分为“君主的专制国家”“贵族的专制国家”“民主的专制国家”三个亚类。当时的中国与沙皇俄国、奥斯曼土耳其帝国一道，被梁启超先生视为“君主的专制国家”，或者“普通所

① 梁启超:《饮冰室合集·文集》（第四册），中华书局，2015，第838页。

② 梁启超:《饮冰室合集·文集》（第四册），中华书局，2015，第838-840页。

称的专制国家”。值得重视的是，梁启超先生在该文中强调：专制与非专制各有其“极良”和“极不良”的形式，还指出“非专制优于专制”的说法也是一种“武断”。他对“开明专制”的所谓“开明”，要求颇为明确：“法王路易第十四曰：‘朕即国家也。’此语也，有代表野蛮专制之精神者也。普王腓力特列曰：‘国王者，国家公仆之首长也。’此语也，则代表开明专制之精神者也。”[①] 国家权力的执掌者如果把政权当作私人囊中之物，只为自身及统治集团谋利益，便代表了一种野蛮专制的精神；反之，虽专制，但能够把掌握政权作为服务广大人民的领导者，则代表开明专制的精神。[②] 用钱穆先生的话，这种开明的精神，正是所谓“大政治家风度”：“严格言之，仅有政才政绩，而无‘政德’，则皆不足为政治家，皆不足谓有政治家之风度。……窃谓政治事业，自身含有一种矛盾性。因政治事业到底为一种社团及群众事业，而主持政治领导政治者，又断不可自侪于群众之伍，自封于社团之内。故大政治家必当先有高远之理想，与独特之自负。再换一面言之，政治事业，乃彻底的一种英雄领袖的事业，然干政治者，又绝不当以政事表显其英雄之才情，完成其领袖之地位，而在以其英雄才

① 梁启超：《饮冰室合集·文集》（第六册），中华书局，2015，第1513页。

② 王也扬：《重读梁启超〈开明专制论〉》，http://www.aisixiang.com/data/40635.html，2019年6月15日。

情领袖地位尽瘁牺牲于政事。故大政治家绝不当骄暴，更不当奢纵。最要者，其理想虽高出一切，其自负虽不可一世，而其笃实光辉处，则在其能屈抑自己的英武，而返身回到群众集团里来。如风摆物，摆者乃物而非风。如度正形，正者是形而非度。最大的政治家，自己不见才能，而使群下见才能。自己不见功业，而使群下成功业。孔子曰：'巍巍乎惟天为大，惟尧则之，荡荡乎民无能名焉。'此始为最高最大之政治家风度。"①

梁启超先生及其同代学人，虽然智识能力和对西方的认知设法与今天相比，但其距离中国皇权政治更近，更因身处千年未有之大变局，而更具鲜活的现场感、深重的焦虑感和剀切的问题意识。就此而言，梁启超先生上述对于中西政体沿革的宏观建构，以及在"君主专制政体"及至"开明"政道方面的多次阐发，对于我们理解占据古代中国国家史主流的皇权政体而言，可谓极具价值。

马克垚先生指出，我们固然"不能用玫瑰式的色彩描绘专制主义的统治，它一样是对人民的剥削压迫，具有十分狰狞的面孔"，"不能和现代的政治制度相提并论，也是不能比较的。以现代民主、人权等思想评论古代，就犯了非历史主义的错误"，"我们当然要清算专制主义的长期统治所造成的

① 钱穆：《政学私言》，九州出版社，2010，第 202-203 页。

危害”，当然要“清算东方主义对我们造成的影响”。[1]但是，也应看到专制主义统治在古代有其存在的必然性，是合乎当时的社会条件的，就此而言“专制主义是一种进步”，这种进步性表现为社会比较安定、人民生活比较安稳、产业具备较好的发展条件、文化教育事业得到国家倡导和支持，以及“在有效的政府主导下，能够举全国之力办大事”等五个方面。他特别强调：“专制主义不是无限王权，而是有限王权，虽然它在各个国家受到的限制不同，但是它大致上都受到法律的限制、习俗的限制、官僚机构的限制，各种社会力量的限制，特别是下层人民反抗力量的限制，所以它并不能随意作为。”

而英国当代政治学家芬纳教授曾经给出的（严格意义上的）“专制”定义，“指任何个人自由裁量权被推到极端的独裁统治，不仅在理论上，而且在实践中，可以不经过适当的法律程序，任意剥夺任何臣民的生命、自由和财产”[2]，实则是指20世纪才出现的“极权主义专制”，而并非例行化的中国皇权政治（抑或西欧绝对主义王权）的常态。芬纳指出：“人们总是会将中华帝国说成是‘中央集权’国家，但是在20世纪

① 马克垚：《古代专制制度考察》，北京大学出版社，2017，第45页。

② ［英］塞缪尔·芬纳：《统治史（卷一）：古代的王权和帝国——从苏美尔到罗马》，王震、马百亮译，华东师范大学出版社，2014，第72页。

之前，真正意义上的中央集权是不可能的。”[①] 的确，真正意义上的高质量的“中央集权”（如果我们不采用集权程度更高且更具有意识形态偏见的“极权”一词的话），是随着现代社会控制手段和信息技术的发达，直至20世纪才出现的一种相当晚近的现象——“这种政体的物质前提直到20世纪才出现”[②]。

实际上，长期以来，在西文（如英文）中，“东方专制”和“西方专制”是两个词，前者用despotism，是个贬义词；后者用absolutism，并不含有贬义，甚至隐约还有褒义。从某种文化偏见出发，“在西方学术话语中，absolutism是他们的一个历史阶段，并不是受批判的对象；相反，despotism却是个不好的东西，专门挨他们的骂”[③]。当下，严肃对待作为古代中国国家主要政体形式的皇帝制度，国人极有必要澄清“东方主义”笼罩“专制主义”所造成的“一些认识上的预设前提”：“一、从古代起，东方是专制的，西方是民主的，所以专制是

① [英]塞缪尔·芬纳：《统治史（卷三）：早期现代政府和西方的突破——从民族国家到工业革命》，马百亮译，华东师范大学出版社，2014，第86页。芬纳在这里以清帝国为例，强调的是“面积太大，情况也太复杂，无法远距离实施其政策”，特别是“从时间上讲，没有地方精英的合作，中央政府根本无法实施其政策”，因此从明帝国后期开始直至清朝，“士绅阶层”“已经成为帝国之内最为重要的一股政治力量”，乃至有些学者将清帝国称为“士绅国家”。

② [英]塞缪尔·芬纳：《统治史（卷一）：古代的王权和帝国——从苏美尔到罗马》，王震、马百亮译，华东师范大学出版社，2014，第72页。

③ 钱乘旦：《西方那一块土：钱乘旦讲西方文化通论》，北京大学出版社，2015，第215-216页。

属于东方的；二、专制是不好的，民主是好的；三、对专制的论述就是历数其坏处，其消极作用与影响。东方一向专制，所以东方的古代史尽是消极内容。”

我们应当清晰地认识到：“这些可以说是专制主义的原教旨主义，也就是西方的话语霸权，是我们的自我东方化。”当然，“后来西方人也承认西方有专制，可是东方的专制是despotism，西方的专制是absolutism，西方的专制比东方的好。而且西方有一种‘开明专制’，在那里实行宗教宽容，重商主义，甚至以法治国，所以受到启蒙思想家的赞美。而东方的专制就是一种主奴关系的统治形式，一无是处了”[①]。

总之，古代中国国家的皇权，既是巨大的又是脆弱的。皇帝具有极大权能，深刻影响了中华文明的走向。皇帝对“天道”的拟制使其超然于俗务之外，但此种超然性又使其可能面临各方势力的监控、蒙蔽乃至围猎；皇帝绝对权能之实施，必须借助具有普遍理性化特征和集体自主性冲动的官僚集团，这亦会消融其绝对性；而在君相之间、内外廷之间、各部之间、央地之间、政统与道统之间，时或会出现自由的缝隙。在现代革命浪潮冲击下，帝制已成明日黄花，更成为一种巨大的“政治不正确”；但不宜对其一概否定，更不能

① 马克垚：《古代专制制度考察》，北京大学出版社，2017，第39页。

武断地、自我殖民式地加上“专制”标签。历史上的中国皇帝制度中蕴含的若干成分，经由创造性转化和创新型发展，将构成当代中国国家治理现代化和长治久安的重要本土理论与制度资源。

第四章

古代中国国家治理能力如何构成?

武帝时迷于鬼神，尤信越巫，董仲舒数以为言。武帝欲验其道，令巫诅仲舒；仲舒朝服南面，诵咏经论，不能伤害，而巫者忽死。

——（东汉）应劭:《风俗通义》卷九[①]

知封建之所以变而为郡县，则知郡县之敝而将复变。然则将复变而为封建乎？曰：不能。有圣人起，寓封建之意于郡县之中，而天下治矣。

——（明）顾炎武:《郡县论一》[②]

①（东汉）应劭:《风俗通义》卷九，载应劭撰，王利器校注《风俗通义校注》，中华书局，1981，第423页。

②（明）顾炎武:《郡县论一》，载《顾亭林诗文集》，中华书局，1959，第12页。

著名社会学家赵鼎新教授指出，与世界上的其他文明相比，在长达2000多年的帝制时代中，中国历史至少呈现出了如下7项主要政治特征：

> （1）举世无双的连贯性；（2）科层制政府与贤能选拔体制；（3）强国家传统；（4）文官政府；（5）柔性“帝国”；（6）宗教政治无涉与政府宗教宽容；（7）商人阶层的低政治地位。[①]

正如赵鼎新教授所见，中国帝制是相当“早熟”的。芬纳教授曾经指出，中华帝国（秦、汉）“是国家建构方面的巨大成就。从秦统一到汉武帝统治的短时间内，这个面积相当于今天美国三分之二的庞大地区，从互相纷争、自我分裂的战国变成了一个中央化的、文化同质的国民国家。令人注目的是，它开始有了统一的机构，规范且对称的地方政府，精细而完善的行政机构，稳定的中央政府和文官严格掌握下的军队”[②]。

从治理绩效看，直到中华帝国式微前夜的清王朝早期，仍然是“一个和平繁荣的时期。国家财政收入呈上升趋势，人口增加了两倍。新的土地被开垦，来自美洲新大陆的作物被种

① 参见赵鼎新：《东周战争与儒法国家的诞生》，夏江旗译，华东师范大学出版社，2011，第1-2页。

② ［英］塞缪尔·芬纳：《统治史（卷一）：古代的王权和帝国——从苏美尔到罗马》，王震、马百亮译，华东师范大学出版社，2014，第552页。原文为“……文化同质的民族国家（nation-state）”，笔者将其更改为更为尊重历史真实的“国民—国家”。

《姑苏繁华图》

植，新的农业技术被采用，如双季稻，冬麦夏谷的轮作。中央政府负责堤坝和疏通黄河长江等大型水利建设，地方士绅则资助并组织当地农田的灌溉工程。不仅如此，他们还为庙宇、济贫院、医院和学校提供资金。……如果通过和同时代政权的对比来评估一个政权的表现，我们必须承认无论是从外部和平与内部稳定，还是从人们的生活水平和文学艺术的发展，清王朝早期的确是中国的黄金世纪”。“清代中国人比之前的汉朝或其他任何时代都要幸福，即使不比同一时期世界上所有其他国家的人民更加幸福，至少也和他们一样幸福。”[①]

本书第三章的开篇曾经讲道，所谓国家治理能力，是运用国家制度管理社会各方面事务的能力，是制度的执行能力。国

①［英］塞缪尔·芬纳：《统治史（卷三）：早期现代政府和西方的突破——从民族国家到工业革命》，马百亮译，华东师范大学出版社，2014，第103页。

家治理体系和治理能力两者相辅相成，单靠哪一个治理国家都不行。国家治理体系和治理能力虽有紧密联系，但又不是一码事，不是国家治理体系越完善，国家治理能力就越强。治理国家，制度具有根本性、全局性、长远性作用。然而，没有有效的治理能力，再好的制度也难以发挥作用。本章将对中国古代国家治理能力的若干方面略做阐析。

清华大学教授张国刚先生指出：中国古代国家政治制度早熟，管理系统复杂。而中央集权体制下的治国理政，需要高超的技巧和方法。但是，现有的“教科书”“鲜有得其门径者”，因此“历史的经验最值得重视”。[①] 政治学家邹文海先生则说：“从政治学发展的历史来说，我国似与西方不尽相同。我国政治学的中心问题，一直注重管的方法，虽说有礼治、法治、无为而治等不同的主张，到底都是种治平之术。所以我们从前的政治学，一向称为治道，内容比较单纯，自秦汉以来，很少变动。中西文化交流之后，我国学者，方能跳出治道的圈子，而向现代政治学的途径迈进。”[②] 实际上，今天回溯来看，很难讲这种“治道”“内容比较单纯”，古代中国国家的“治道”或“治平之术”，对于中国这样一个广土众民跨体系的拥有超强

① 张国刚：《治术：周秦汉唐的经世之道》，中华书局，2020，“自序”第1页。

② 邹文海：《政治学》，三民书局，1978，第5页。

连续性和柔韧性的大国而言，实在构成了“亦新亦旧、亘古亘今”的中国之谜的密钥。

政治学家迈克尔·曼曾将人类社会治理技术的发展分为两大类：一是集约性治理技术，二是延展性治理技术。[①] 前者是指那些能够提高人类生产效率、增强对自然资源汲取和利用能力的技术；而后者则指那些能提高人类（特别是国家）组织协调能力的技术。就古代中国而言，官僚制、法治、常备军及科举制等的发明，都可以被看作是重要的延展性治理技术的发展。而在工业革命之前，推动世界各国国家治理进步的，主要也是延展性技术；在工业革命之后，推动人类社会治理技术进步的则主要是集约性技术了。我们在本章所探讨的古代中国国家治理能力，其主要着眼点正是迈克尔·曼教授所言的若干“延展性治理技术”。

例如，历史学家黄仁宇先生昌言的所谓“数目字管理”，正是一种重要的“延展性治理技术”。在黄仁宇先生看来，如果一个国家能使各种经济要素公平而自由地交换，那这个国家就是在数目字上可管理的；国家务期实现对于不论公共或私人的物质生活的所有层面“全部用商业习惯管制，各种度量衡

① 参见赵鼎新：《中译序》，［英］塞缪尔·芬纳：《统治史（卷一）：古代的王权和帝国——从苏美尔到罗马》，王震、马百亮译，华东师范大学出版社，2014，第2—3页。

的单位必须标准化，可能相互交换的品物与程度也需要公认，且能由独立的机构监督；官僚必须以技术为主，不能以意识形态和人事关系变更初衷”；为此，国家需要有较强的认证能力，特别是要保障数据的可获得性和真实性。黄仁宇先生对古代中国缺乏数目字管理的弊病多有批评，但我们也应看到古代中国国家史上个别颇为早熟（尽管其后长期停滞）的类似治理技术，如“编户齐民”。商鞅变法是强秦之始，其中的关键举措是让国家可以掌握人民和资源，并加以最大化利用。掌握人民，必须先有户籍制度，通过户籍加以掌控，此种编制户籍的行为以及被列入国家户籍的家户，便是“编户”。在战国之前的社会，人民的身份地位不同，国君以下还有不同阶层等级的贵族，人民身份也依照世袭原则，即俗谚所谓“龙生龙，凤生凤，老鼠生来会打洞”是也。战国中后期之后，以往人民的身份层级等差逐渐消除，渐趋走向所有人均为国君子民的状况，或可称之为“国君面前人人平等”是也，逐渐成形为“一君万民”的社会，这便是所谓“齐民”。[①]“齐”，字面上意味着“等同”“平等”，实质性意涵乃是从“世袭社会”走向“选举社会”，乃是政治社会一场漫长而深刻的“去封建化”变革。编户齐民虽然不是商鞅的发明，但在秦国执行得最为细

① 参见胡川安编著：《重新思考皇帝：从秦始皇到末代皇帝》，时报文化出版企业股份公司，2019，第24页。

致和彻底，遂使秦成为最强的国家。而所谓“萧何入关，收秦图籍”，所急于没收的，正是户籍典册。

实际上，历史中国国家在治理能力的其他很多方面，其实也都达到了颇高的水平。从一位历史学家对于古代中国“精致的专制主义”之结构与功能的描述中，我们可以窥见其荦荦大者：

> 理论上，用“天命王（皇）权”来论证统治的合理、合法性，用天人感应说来限制皇帝的任意妄为，用‘君臣父子’等伦理来树立统治秩序。完善的中央集权的官僚系统，在各种权力之间实现了多种制衡，皇帝与宰相之间、决策与执行之间、执行与监察之间、官僚与胥吏之间等，都有着制衡的关系。在选举、用人方面，中国古代建立了科举制度，平民也可以凭借自己的努力上升到统治阶级的高位，这种制度将下层的精英分子不断输送到统治阶级，对于巩固统治有很大的好处。以农业税为主的税收系统在一般情况下可以保证政府有充足的经费，不过间接税没有得到充分发展，所以税收时感不足。军事方面，最大的缺陷就是在征兵制和募兵制之间始终没有找到合适的办法，而且没有足以掌握军事力量的统治阶级，如俄国的贵族，所以战斗力不强，面对西北边境的强敌总是处于守

势，多次被北方少数民族推翻政权。[①]

下面数节，我们将重点探讨古代中国国家治理中的中央决策能力、贤能拔擢能力及风俗敦化能力。

第一节　中央决策能力

芬纳教授在其皇皇巨著《统治史》中提出了独具特色的政体分类学说。他认为一个国家的性质（如组织形式、执政能力、合法性基础、所受到制约等）在很大程度上取决于以下四种力量在国家政治中的地位：宫廷、教会、贵族和广场。这四种力量、四个词汇都是属于转喻的用法。最为简单地说，宫廷指的是专制政治，教会指的是神权政治，贵族指的是精英政治，而广场指的是大众政治。[②]芬纳将“中华帝国”归入“宫廷式政体”之列。我们暂时不讨论这种归类方式是否失之于粗疏宏阔，在此不妨先看一看芬纳教授对于“宫廷式政体”

① 马克垚：《古代专制制度考察》，北京大学出版社，2017，第 43-45 页。

② 转引自赵鼎新：《国家、战争与历史发展：前现代中西模式的比较》，浙江大学出版社，2015，第 166 页。赵鼎新将 Forum 翻译成“论坛”，笔者按照《统治史》中译本的译法，称之为“广场”。参见［英］塞缪尔·芬纳：《统治史（卷一）：古代的王权和帝国——从苏美尔到罗马》，王震、马百亮译，华东师范大学出版社，2014，第 38-39 页。

的具体描述："宫廷总是君主之所在，至于是哪一种君主无关紧要，可以是皇帝和国王，也可以是公侯、僭主和独裁者，重要的是宫廷式政体的最高决策权掌握在一个人手中。因此，除其他特征外，它还是专制、独裁的。"[①] 宫廷中可能还有祭司和贵族的存在，但是在纯粹形式下的宫廷式政体中，两者是没有独立权的。从合法性基础来看，"总的说来，君主合法性的源泉可以分为两种，一种是超凡的个人魅力（charisma），另外一种是传统，而前者往往会不知不觉地变成后者"。此种由超凡魅力向传统合法性的转化，亦即韦伯所说的"魅力的常规化"。但是，与埃及法老、阿兹特克皇帝"王权乃上天所赐"的"代理神性"，以及欧洲中世纪以迄近代的"君权神授"不同，"中国的情况很奇特，也很有趣，中国人相信一种非常模糊的超自然实体，即'天'。皇帝合法性的一个依据就是他拥有'天命'（Heaven's Mandate）。天命说被儒家所接受，用来为遵从儒家思想的皇帝辩护。与天命说密切相连，但是更加直接更加突出的是这样一种信念，即皇帝是连接人与宇宙的纽

① [英]塞缪尔·芬纳：《统治史（卷一）：古代的王权和帝国——从苏美尔到罗马》，王震、马百亮译，华东师范大学出版社，2014，第41页。

教皇为法兰克国王查理大帝加冕为皇

带，只有当他正确执行十分繁复并且数量惊人的仪式，才能确保天地人之间必不可少的和谐”①。芬纳在此特别补充说，上述宫廷式政体的合法化“无一例外都是威权主义的。主权在民是不可能的。君主的权威从神灵那里传下来，这种权威使其高高在上。这就是乌尔曼所说的‘神授理论’”。在紧随其后的“民众合法化”亦即“宫廷/广场式政体”的讨论中，芬纳并没有再提及中国帝制。尽管在关于“决策执行人员”的讨论部分，芬纳对中国帝制时代的常备军、官僚机构和“显贵”（即“士绅”）多有讨论②，但他仍将“中国的皇帝”视为“既

① [英]塞缪尔·芬纳:《统治史（卷一）：古代的王权和帝国——从苏美尔到罗马》，王震、马百亮译，华东师范大学出版社，2014，第 41 页。

② [英]塞缪尔·芬纳:《统治史（卷一）：古代的王权和帝国——从苏美尔到罗马》，王震、马百亮译，华东师范大学出版社，2014，第 61-72 页。

没有程序性约束也没有实质性约束”的（“纯粹的”）“宫廷式政体”的典范[①]。

在讨论宫廷式政体“政治过程的特征”时，芬纳着意区分了“宫廷之内人际关系”和“宫廷实施统治的有序过程”，他认为“前者就是我们所谓的宫廷政治（笔者按：类似于中国人最喜欢消费的‘宫斗’），其本质上是病态的”[②]。芬纳最关心的严格意义上的政治过程，除了仪式活动之外，最重要的当数决策；同时，在讨论“决策制定和决策执行的病态关系”时，芬纳也屡屡提及中国帝制。在此，有必要分别誊录他在上述两方面的精彩论述：

> 但是在宫廷政体中还有一种更加理性、更加系统化的统治过程。如果一个政体已经被适当地官僚化，也就是说已经有了专门的机构负责统治的主要任务，我们常常会看到类似下面的情况。统治者要么独自决定，要么和人协商决定，要么先协商，然后再独自决定。他所做的决定建立在外来信息的基础之上，这些外来信息首先经过专门机构的加工，直到最后到达大臣那里，然后大臣再将这些信息和可供选择的政策上交到皇帝那里。但是有时统治者感

①［英］塞缪尔·芬纳：《统治史（卷一）：古代的王权和帝国——从苏美尔到罗马》，王震、马百亮译，华东师范大学出版社，2014，第 79 页。

②［英］塞缪尔·芬纳：《统治史（卷一）：古代的王权和帝国——从苏美尔到罗马》，王震、马百亮译，华东师范大学出版社，2014，第 43 页。

受到这些大臣和顾问的压力，就会建立自己的反情报机构，也就是由私人顾问组成的随身侍从，通常这些人的出身和教养都不如那些垄断国家高级职位的人那么高。①

……官僚机构处于优势地位，而决策制定者却很少出面或者不能出面，只好由官僚机构制定决策，这方面最为突出的例子是中国。中国的文职官员来自士绅阶层，他们都接受过儒家道德和治国方略的教育。儒家学说有许多分支，其中一个十分强大的分支认为除了履行仪式，皇帝的唯一职责就是选择好的顾问，而这位顾问显然应该是信奉儒家学说者。皇帝本人则应该留在深宫，执行各种各样的传统仪式，完全让士大夫们做各种决定。活跃的皇帝和活跃的士大夫这两个对立概念之间永远处于一种拉锯战的关系。后者常常随心所欲，而皇帝则变得无足轻重。有时是皇帝过于沉溺于后宫，或过于放纵太监，自我沦落，致使权力旁落到了士大夫手中。②

与芬纳上述看法相映成趣的，当数美国著名汉学家列文森

① ［英］塞缪尔·芬纳：《统治史（卷一）：古代的王权和帝国——从苏美尔到罗马》，王震、马百亮译，华东师范大学出版社，2014，第44页。另外，可参见芬纳关于汉帝国宫廷式政体中“接近律”和“头衔膨胀律”的讨论，［英］塞缪尔·芬纳：《统治史（卷一）：古代的王权和帝国——从苏美尔到罗马》，王震、马百亮译，华东师范大学出版社，2014，第519-520页。

② ［英］塞缪尔·芬纳：《统治史（卷一）：古代的王权和帝国——从苏美尔到罗马》，王震、马百亮译，华东师范大学出版社，2014，第73页。

（1920—1969 年）以王安石变法为例，所说明了的儒学与帝制之间的“相爱相杀”：“首先，儒家是随着皇权的加强（而不是与之反对）而发展起来的，他们二者享受着削弱同样的竞争对手的乐趣。但是，第二，儒家的发展又意味着他们已经意识到需要保护自己，抵制皇权，抵制一切有可能被专制君主用来削弱他们的地位的东西。他们把自己的发展归之于专制君主，并以敬畏回报他。但正由于他们珍视自己的发展，爱护自己的发展，所以对一切不利于自己发展的势力都持反对态度，其中包括曾使自己得到发展的专制君主。”① 列文森的这段观察，实际上也揭示出习染儒家价值的官僚集团及长期作为其极峰或旗帜人物的宰相，与皇权之间围绕中央决策问题开展的持久角力。

秦统一六国后，中央集权的政治模式得以在全国正式建立，而且在其后世漫长的 2000 多年里，权力集中程度是愈来愈强。汉承秦制，实施三公九卿制，后又通过削藩，基本建立了将政治、经济、军事等各项主要权力集中于中央政府的政治体制。隋唐时期，三省六部制开始建立和完善，中书、门下和尚书长官的联席会议使中央的权力有了制度性的保障。宋朝的二府三司制强化了中央的行政管理职能，元朝的行中书省更是

① [美] 约瑟夫 · 列文森：《儒教中国及其现代命运》，郑大华、任菁译，中国社会科学出版社，2000，第 205 页。

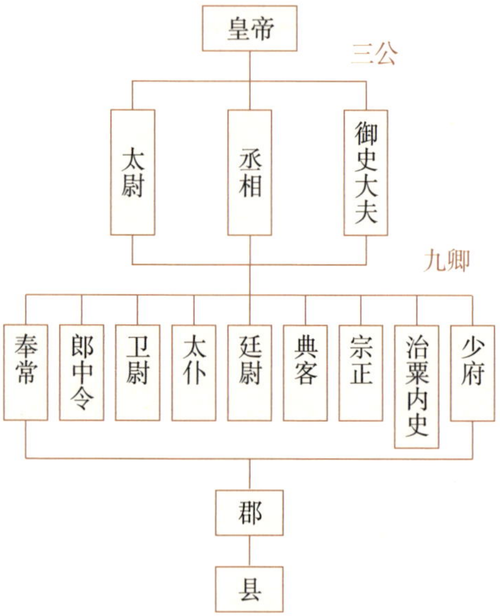
皇帝
三公
太尉
丞相
御史大夫
九卿
奉常
郎中令
卫尉
太仆
廷尉
典客
宗正
治粟内史
少府
郡
县

三公九卿制

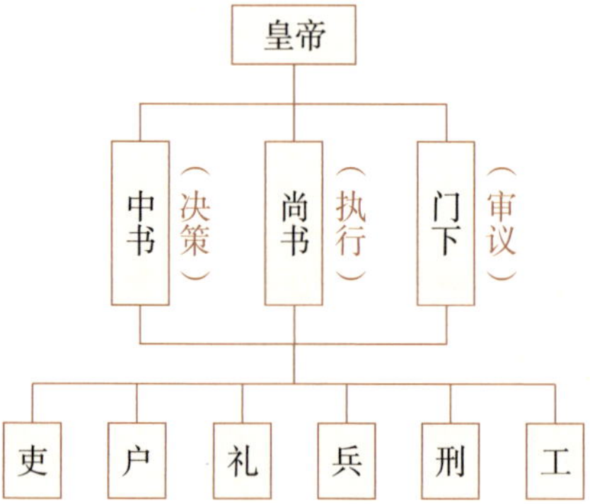
皇帝
中书
（决策）
尚书
（执行）
门下
（审议）
吏
户
礼
兵
刑
工

三省六部制

对中央权力的补充。明清时期中央权力高度集中，内阁制和军机处的设立加强了皇权的专制。“中央集权作为政府行为，应由行政中枢系统来付诸实施，并对执行过程进行有效调控，这将使集权活动在行政系统整体保障之下有序化地运作，进而实现君主和中枢机构共同的集权使命。从某种意义上来说，这实际上是封建时代国家政治与行政管理中的一种‘统治理性’。”① 中央集权的政治模式本质上是自上而下的行政官僚制，它必然要求程序化和职业化，它的精神是“非亲”。然而由于宗法结构的保存，社会上的“亲亲”原则仍得以实施。然而可以确定的是，自古代国家建立之日起，中央之权就往往由两部分组成：皇权和政府之权。皇帝是国家的唯一领袖，而日常政务之处理则在于政府，“汉代一切实际事权，照法理，该在相府，而不在皇室，宰相才是政府的真正领袖”②。然而随着后世中央权力的日渐集中，皇权借此扩张，政府独立之权力日衰，总体上看皇权的独断品质逐渐增强。

近人著史、论史或读史，对于传统中国之政治体制，往往下一约定俗成之“断论”：数千年中国历史属于皇权高度集中、封建专制主义极盛甚或近乎于绝对的状态。秦代以前，因

① 李琪：《中国古代行政中枢的沿革与中央集权制的关系研究》，《史学理论研究》1997 年第 4 期，第 52 页。

② 钱穆：《中国历代政治得失》，生活·读书·新知三联书店，2001，第 5 页。

夏商周三代，要么史籍记载与实物考证尚不足以展现完整细致的治理局面，要么还是裂土封侯的封建制形式，并不能代表中国传统君主制的典型样态，故我们姑且从秦汉之际的制度变迁谈起。

一部中国史，有一对关系始终与皇权制度紧密关联：皇帝与宰相。不妨以此作为切入点，便可大概窥见古代中国中央决策体制之一斑。众所周知，秦始皇建立秦朝，彻底摈弃诸侯制度，在中央层面，将皇帝与政府既分又合的体制确立下来。若观历史大势，恐怕中国人都承认，皇帝与政府并非一体，这是了解中国传统政治尤其是中央体制的关键问题。毫无疑问，皇帝自然是国家的唯一合法领袖，然实际政权并不在皇帝手中，而在政府那里。故代表政府的是宰相，他或他们是日常政务运行的正式负责人。故而自秦制创设以来，皇帝是国家的元首，象征国家统一；宰相是政府领袖，负政治上相关的实际责任。于是 2000 余年来，皇权与相权相依相生，既有共荣，亦出现争斗，共同构成了中国政治史中一个非常重要的大问题。

秦汉时期，封建改成郡县，史书称之为“化家为国”，亦可谓新型态的家国一体。原在周代时期的天子诸侯家务，逐渐演变成公务即政务，于是宰相在初期不仅要处理国家事务，还需管理皇帝家务。由此可见，该时期的相权实际很大，涉及面颇广，完全可以掣肘皇权。

唐宋时期，宰相制出现大的变化。倘若秦汉宰相类似于领袖责任制，那么唐宋则变更为委员集体负责制。具体而言，秦汉时由一位宰相便可以掌握全国行政大权，唐宋时把相权拆分为几项，安置于几个部门，由众人共同负责，凡事经许多部门共议而定。如遇到重大政治变故，秦汉通常采用皇帝、宰相与其他重臣集体协商的形式；而唐宋则因相权已分解到几个机关当中，这几个机关须合署议事、办公，来决定朝廷的一切重大事项。秦汉一个宰相，便可以掌握行政大权，唐宋则须三个衙门来统摄：中书省、门下省、尚书省，此三省职权合起来，才等于秦汉一个宰相的职权。可见，秦汉以来皇帝通过打压宰相一人而滥用权力的局面已难以出现，行政权愈分散，皇权愈不易去干预，于是相权更集中于政府。由是观之，至少就秦汉到唐宋这段历史时期而言，中国政治恐怕绝非皇帝一人独大专擅，有宰相制度牵扯，有相关法制约束。既然既有制度，又有法律，非依据皇帝意志而转移，那么我们很难说中国传统政治属于绝对专制的形态。至多是一种类似较为合理的开明专制模式。

尚需赘言的是，宋代在中央决策制度上少有建树，但确有变更。众所周知，宋朝建国者乃武人出身，鉴于五代乱象，难免要减夺中书宰相职权。宋代统治者对军事、财政、人事三权都有制约，皆进行了有意分割，这显然导致相权趋于低落。相权低落之反面，就是君权提升。不过，于此三权之外，宋代统治者又在监察权方面做文章，采取谏垣独立的办法。这些谏官，此时不直接由宰相任用了。台官、谏官须由皇帝亲擢。于是，清议从规谏皇帝转掉风向，成为政府的对头。然而谏官与宰相互相对垒、势如水火的局面并未持续下去，一旦谏垣不合作，即使皇帝加上宰相，依然不可扭转清议，终致谏官锋芒太凶，闹得太意气，社会乃及政府中人，都讨厌谏垣，不加重视，不予理会，于是谏官失势，然而权相奸臣又从此出头，皇权依旧没能实现专制，大权再度旁落。

朱元璋

明清两代，可谓古代中国皇权最为集中的阶段，但尚不及绝对专制的程度。如果说中国传统政治是专制的，政府由一个皇帝来独裁，该说法用来讲明清两代是可以的。若论汉、唐、宋诸代中央政府的组织，皇权、相权是划分的，其间比重纵有不同，但总不能说一切由皇帝专制。到了明太祖洪武十三年（1380 年），宰相胡惟庸造反，朱元璋接受了这个教训，从此废止宰相，不再设立。他还说以后他的子孙也永远不准再设宰相一职，所以明代政府是没有宰相的，清代也没有。因此我们说，中国传统政治，到明代有一大改变，即宰相之废止。

没有宰相，于是明统治者保留六部，六部首长各不相属。此外有一个都察院，是由御史台变来的，专掌弹劾纠察。全国各事都在都察院监督之下。把都察院和六部合起来，并称七卿。七卿之外，还加一个通政司、一个大理院，则称九卿。明制是有卿而无公，成了一个多头政府。刑部不能管吏部，吏部不能管户部，政府诸长官全成平列，上面总其成者是皇帝。

如此看来，是否意味着皇权侵吞了相权，体制终归于绝对专制了呢？其实不然。历史存在自有的逻辑。遵循惯例，朝堂议事，如小官归吏部尚书任用，大官则由七卿、九卿，或再加上外面的巡抚总督开会来公开推举，这叫廷推。倘使有大事，各部不能单独决定，也常由七卿、九卿公决，这叫作廷议。倘使有大的狱讼，三法司解决不了，也由七卿、九卿开会定谳，这叫作廷鞫。这一制度，本来汉代便有，明代朝廷集议大事，屡见正史记载，可见一切事，还不是全由皇帝所能独裁的。这就是制度影响人事的一种典型体现，宰相虽然没了，但承载相关行政权力的部门与官员依然可以在制度允许范围内对皇权进行纠参甚至质疑，可见君主权力并非没有边界，且颇为明晰。

即使清代，雍正朝时期设立了专门为皇帝效力的军机处，看似皇权达到了史无前例的巅峰，但仔细考察便可侦知，这意

军机处

味着历史悠久的外朝（内阁和六部制度）与内廷间的竞争进入了新的阶段。权力并未一统于一人一君之手，而是变换了实际运作的形式，隐含于君主、大臣与新旧机构当中。

依靠奏折这一秘密通信体系，借助军机处这个秘密平台，康熙、雍正二位君主确实短暂地加强了自身的权力。只是物极必反，制度自有其另面——臻于成熟的军机处如同一个钟摆，摇至一段的尽头之际，势必向另一极端移动，视为对专制王权的回应，在实际政治运作中便是大臣们对君主擅权的反动与抵制。虽然该阶段他们的行为往往通过非正式的形式来限制君主干预决策过程，但这毕竟说明即使在清代，帝王也绝非可以为所欲为。

著名史家钱穆先生曾指出，“人事比较变动，制度由人创立亦由人改订，亦属人事而比较稳定，也可以规定人事，限制人事”。也就是说，人事时常变化，制度相对稳定，不过二者本属一体两面，不可分割。是故考察传统中国的中央决策体制，则须明白自古岁月不居，人事时常变化，制度也因之损益，所以中央决策体制是永远处在动态之中的，君主在更迭，大臣亦轮换，权力必然于君臣机构间流转不歇，故那些认为古代皇权始终处于绝对专制状态的观点，一来陷于历史停滞论之中，不算清醒；二来未悉心了解历代人事与制度演进的脉络，缺乏实证；三来恐怕也颇受西方后来预设的所谓历史阶段论的影响，流于机械。历史如同一泓流水，源源不竭，是活的，更是绵长的，需要循名责实、追根溯源，方能洞晓其大概。从古代中国国家中央决策体制变迁可知，历史远比我们想象的复杂而真实，这远不是一个概念、一个论断或一个所谓理论框架所能解释尽然的。

第二节　贤能拔擢能力

如上所述，中国古代史，从夏商周三代以至于清，大体言之，呈现出君权为重且专断程度逐渐增加的大势。因此，无论君权的行使主体称之为“王”或称之为“（皇）帝”，也无论中央与地方关系呈现出“封建”抑或“郡县”的格局，我们大可以将其统而概称为君主统治的时代。但是，治理中国仅靠帝王是远远不够的。在悠久漫长的古代中国史之中，殷商之前史料残缺，难以详加考辨，到了孔子所言的“监于二代，郁郁乎文哉”的周代，才开始史料完备、文物粲然，与国家发展相关的政治、国防、经济、文化等领域，已然具有恢宏的业绩。《周礼》有云：“惟王建国，辨方正位，体国经野，设官分职，以为民极。”在三代郁郁之文的恢宏业绩之中，又在关于国家礼法特别是官僚机构及官员的典章制度方面有着丰富的积累，并与日俱增、渐趋复杂。[①]

这种“设官分职”的思维方式和制度实践，还体现在俗语“坐而论道”和“起而行之”之中。“坐而论道”与“起而行之”[②]，语出《周礼·冬官考工记》的开篇部分。其原文为：“国有六职，百工与居一焉。或坐而论道，或作而行之，或审曲面执，以饬五材，以辨民器，或通四方之珍异以资之，或饬力以长地财，或治丝麻以成之。”“作”就是“起”的意思，

① 参见姜文奎：《中国历代政制考》，南天书局有限公司，2018，第1页。

② 本部分主要参考孔新峰：《与其坐而论道，不如起而行之》，《光明日报》，2020年9月24日。

“作而行之”实即“起而行之”。“或坐而论道”与“或作而行之”，连同后面的四个“或”字句，共同构成了邦国之“六职”，即国家之事的六种职掌。而此“六职”，又是基于人们“德能事业”的不同而各自赋予的。其中，“坐而论道”对应“德”，“作而行之”对应“能”，“审曲面执”对应“事”，后三者即“通四方之珍异以资之”“饬力以长地财”及“治丝麻以成之”则对应“业”。《周礼·冬官考工记》随后专门强调，“坐而论道，谓之王公”，“作而行之，谓之士大夫”，而“审曲面执”及以下，则分别可谓之“百工”“商旅”“农夫”及“妇功”。

由此可见，原典意义上的“坐而论道”与“起（作）而行之”，不是一般社会“事—业”的担当，实则对应了彼时治国理政的主体——分别偏重“德”与“能”、“论道”与“行事”的“王公”与“士大夫”。“王公”之“坐”与“士大夫”之“作（起）”只是表象，其深层逻辑在于《资治通鉴·魏纪·文帝黄初四年》所载“上下不可相侵”的“为治之体”，亦即某种朴素意义上的“政务—事务”分工——“政务”的判准在于“论道”（“谋虑治国之政令”/“决策”），“事务”的判准在于“行事”（“落实基于道的治国之政令”/“执行”），职司严明方可施治有序；同时，无论“坐而论道”抑或“起而行之”，对于“道”（自然界与人类社会之客观规律）

的尊崇乃是一以贯之、彻始彻终的。

传统中国国家治理极其看重具有先进理念和组织能力的领导核心集团，在国家生活中发挥“领头羊”与“压舱石”的作用。著名汉学家史华慈曾经提出“中国政治思想的深层结构”[①]，这一贯穿中国政治思想史的“深层结构”不仅为儒家所特有，而应该说是先秦许多思想家（如墨家、法家、道家等）所共有的特质；而且，中国历史上始终不曾出现过一个与此深层机构相异的替代品。此种“深层结构”包括两方面：其一，“在社会的最顶点，有一个‘神圣的位置’，那些控制这个位置的人，具有超越性力量，足以改变社会。从这个角度说，位置本身比是谁占据那个位置更为重要”。其二，“反过来说，在那高点有一特殊机关，由某一特定人物所代表（通常是王权）。因为结构本身并无动力足以改变自己，故必须仰仗这个占据最高神圣位置的君王的个人品质来改变整个社会结构”。史华慈将上述两个方面“密相结合”后的状况称为“政教合一”，并认为“这样一个理想结构对社会的每一个方面都有管辖权（jurisdiction）”。那么，这种“神圣位置”的控制者和“特殊机关”的组成者，应该具备什么样的资质呢？史华慈在其名著《古代中国的思想世界》中将其判定为“有学

① [美]史华慈：《中国政治思想的深层结构》，载许纪霖、宋宏编《史华慈论中国》，新星出版社，2006，第25页。

问的先锋队”：“对孔子来说，一个有学问的先锋队（learned vanguard）是最基本的因素。然而，学问本身要比柏拉图的科学更容易让人们亲近。”[①] 萧延中教授解释说：“孟子、卢梭、毛泽东三人属于不同时代，甚至不同国籍，他们面临的环境也大不相同，但是他们都曾不仅试图把建构各自社会的理想德性，摆到了其政治关切的中心位置，而且还都把建构德性的根本动力归结为‘君子’‘大立法者’或‘无产阶级先锋队’这类社会精英。由是，以‘问题意识’为中心，就有理由在他们之间展开跨越时空的比较思想研究，从中归纳出某种人类思想发展中或隐或显但却反复呈现的线索，启迪后人不断地沉思和反省，继而打开更为广阔、复杂、绚丽多彩和充满吊诡的‘意识’空间。如是,vanguard 一词的性质，在此可以说是‘恰到好处’。”[②]

由此可见，中国国家的文官制度或者说官僚制可以说来源极其久远。实际上，最完备、最复杂的文官系统理论，早在韩非子的时代便已出现了。中国的这一文官制度或官僚制传统可以说构成了一种非常重要的“中国文化基因”。“在长期的演变过程中，文官制度是国家与社会斗争中的制衡角色”，而且

① [美] 史华慈：《古代中国的思想世界》，程钢译，刘东校，江苏人民出版社，2004，第 97-98 页。

② 萧延中：《林同奇先生带我研读史华慈》，《读书》2015 年第 11 期，第 133 页。

其不仅是工具性的理性制度，亦有非常浓厚的“儒家意念掺和其中”，“这是韦伯在讨论西欧16世纪以来的文官制度中缺少的一环”。这种儒家意念的神秘性并不强，并非上天的神谕，而是经世的使命。“目的的理性和工具的理性相配合，使中国文官系统在国家和社会之间的拉锯战中，不但有举足轻重的分量，而且也成为国家和社会之间联系的力量。这个特色是中国以外的史学家在讨论文官制度时未能理解到的地方。”两汉以后的文官系统在由纯工具性蜕变成兼顾工具性和目的性的过程中，竟蜕变为自成一格的合理制度，进而不断传承下去。文官体系的甄选过程至关紧要，始终普及于全国各地，始终想用最公平合理的方式来找人才，也始终要使人才具备儒家意念。选拔过程中出现的“社会性格”和运作过程中出现的“国家性格和治理机构”，最终使得古代中国国家与社会形成均衡，发挥制衡的作用。文官制度选拔的背后有一大群知识分子，他们受过专业训练，等着出仕，但能够出仕者只占其中少数，未出仕者仍留在社会一端，凭借儒家立场监督政府作为。[①]这便是《岳阳楼记》中范仲淹所讲的“居庙堂之高则忧其民，处江湖之远则忧其君”，“是进亦忧，退亦忧”。“以天下为己任”构成了古代中国国家超强连续性和超强稳定性的重要枢轴。

① 参见许倬云：《中国古代文化的特质》，新星出版社，2006，第34-42页。

自周代商，中国已呈现出某种从“基于亲属的政府”走向“官僚的政府”之势，并在春秋战国之际渐趋增强，至秦汉帝国构建之后，“郡县天下”最终得以取代“封建天下”。世卿世禄世“官”制走向察举、科举等理性化官僚制。钱穆先生曾经如是说：“总观国史，政制演进，约得三级：由封建而跻统一,一也，此在秦汉完成之；由宗室外戚军人所组之政府，渐变而为士人政府，二也，此自西汉中叶以下，迄于东汉完成之；由士族门第再变而为科举竞选，三也，此在隋唐两代完成之。”从那以后，历代政治制度在形态上虽然略有差异，但其精神可谓一以贯之了。

关于中西“选举”制度和政治贤能主义，钱穆先生亦曾有鞭辟入里的看法。钱穆先生指出，中国传统皇权政制与西方可谓大异其趣，其荦荦大者有如下三端：一是“直接民权”与“间接民权”之异。“西方选举议员，代表民众，监督政府；而中国则直接选举官吏，组织政府，行使政权”，“西方民权乃‘间接民权’，而中国民权则为‘直接民权’”。二是“政民一体”与“政民敌立”之异。“西方选举由民众，而中国选举由官吏”，“此种异点，亦因双方政治观念不同，西方以政府与民众为敌体，故民众代表必由民众自选。中国则认为政府与民众为一体，故官吏自身即为民众之代表，则选举由官吏任之，自亦不见其违理。夫政府亦社会之一机构，官吏亦民众之一分子”。三是“重被选人”与“重选举人”之异。“中国传统政制中之选举制度，又有与今日西方选举制更大不同之一点，即西方注意在选举人，而中国则注意在被选举人。”详究原因，“盖西方民主政治，起于小国寡民，又为人口集中之都市，故可于选举中尽量表达民意，并主选举权之尽量普及。中国则既为广土众民，而又为散漫分布之农村，故主于选举中尽量拔取贤才，又主被选举者之尽量限制与尽量严格”[①]。钱先生进一步发问：“东西双方之选举制度，果谁是而谁非，又孰优而孰劣乎？”鉴于“政治为人群最现实之活动”，“只可辨异同，不当论是非”。而判断政治制度高下的标准，端赖其是否适应于“民族哲学文化传统”及“社会背景历史沿革”。尽管有某种相对主义之嫌，但钱穆先生还是就选举制度提出了“古今中外”“一切政制所不能背”的“两大义”：其一，在求如何使贤能登进。其二，在使贤能既踞高位，不致滥用权力以假公而济私。使能达此二境，此即为一种好政制。[②]钱穆先生的上述洞见颇具醒世意义，若能斟酌损益具有平衡精神的“尚贤主义”考选之道，审慎接续中国传统政制及其制度精神，当可跳脱政治制度各种版本的全盘西化的迷思与误区。

还有必要加以补充的是：“贤”和“能”，“德”和

① 钱穆：《政学私言》，九州出版社，2010，第16–21页。
② 钱穆：《政学私言》，九州出版社，2010，第21–22页。

"才"，并不是如今人理解的那样可以断然分别打为两截。古典的政治思维方式是"德者得也"，是德者必生慧，贤者必有能，是王夫之所言的"君子志如其量，量如其识"。正如萨孟武先生所见："不过政治上所谓贤者，不是指清悫谨慎循规蹈矩之徒，而是谓识大体，知权经，而有佐国之才之人。"[①]

第三节 风俗敦化能力

与人类历史上的其他政治文明相比，中华文明拥有旺盛的生命力和举世无双的历史连续性。钱穆先生在《中国文化史导论》中指出："魏晋南北朝时代民族新分子之掺杂，只引起了中国社会秩序之新调整，宗教新信仰之传入，只扩大了中国思想领域之新疆界。在中国文化史里，只见有'吸收、融合和扩大'，不见有'分裂、斗争与消灭'。"[②] 萨孟武先生《中国社会政治史》则指出，南北朝时的"汉族已与秦汉时代的汉族不同。它是混合亚洲许多民族而成的中华民族。中华民族血统上虽然不是汉族，精神上仍秉承汉族的思想。他们的胸襟

① 萨孟武：《儒家政论衍义：先秦儒家政治思想的体系及其演变》，东大图书公司，1982，第 386 页。

② 钱穆：《中国文化史导论》，商务印书馆，1994，第 151-152 页。

是宽大的，只要异族接受中华的文化，就视为同一民族，不分彼此，而有平等的私权及公权。汉武帝临崩之时，受遗托孤者有匈奴人金日（mì）䃅（dī）。安史作乱出师勤王者，有契丹人李光弼。黄巢作乱，朱温篡唐。此时志复唐祚者乃是沙陀人李克用。阿保机入据中原，而兴师讨伐，迫使辽主不能不北归者，又是沙陀人刘知远”。“这与今日各国对于肤色具有偏见，甚至垄断地区，不需有色人种移住其间者自不相同。”上述论说恐怕不仅是中国文化守成主义者一厢情愿的溢美之词。在发明与维系多元一体的文化—政治共同体方面，传统中国国家拥有至今仍值得礼敬和研习的宏阔视野与高超技艺。而“风俗”论说在其中构成了重要的环节。“风俗”之论，在“封建天下”末期即雅斯贝尔斯所谓“轴心时期”为儒、墨、道、法等思想流派所注意，而在“帝制天下”早期特别是两汉由儒家集其大成，由政治当局强势介入后，卒成中华帝国的重要文化—政治机制。[①]

“风俗”乃是我国历史文献中用来论述社会风尚、评价政治、臧否道德的重要概念。[②] 司马光在《资治通鉴》中指出：“教化，国家之急务也，而俗吏慢之；风俗，天下之大事也，

① 参见孔新峰：《传统中国“风俗”论说与当代多元文化主义》，《北大政治学评论》2018年第一辑，第144-176页。

② 参见王晓葵：《“风俗”概念的近代嬗变》，《文化遗产》2010年第3期，第134-143页。

而庸君忽之。夫惟明智君子深识长虑，然后知其为益之大而收功之远也。”[①] 清代学者沈垚亦曾说：“天下治乱，系乎风俗。天下不能无君子，亦不能皆小人，风俗美则小人勉慕于仁义，风俗恶则君子亦宛转于世尚之中而无以自异。是以治天下者以整饬风俗为先务。”[②]

“风俗”概念的流行与知识人对社会秩序感到的不安感是表里一体的。[③] 中国传统上的“风俗”叙事，虽亦看重“千里不同风，百里不同俗”的特殊性与多样性，但并未陷入文化相对主义的窠臼，而是具有极强的“移风易俗”“敦风化俗”的普遍主义期许。

中华优秀传统文化蕴藏着极其丰厚的“风俗”论述。中共早期重要领导人张太雷之父、清末学者张亮采先生撰述的《中国风俗史》（1911 年出版），充满了拳拳可鉴的国家意识，首次以“风俗”为线索，将我国历史连为一脉，被学界公认为中国第一部风俗史。该书将自“黄帝以前”直至“明”的国史，以“风俗”视角划分为“浑朴”“驳杂”“浮靡（浊乱）”与“由浮靡而趋敦朴”的四大时代；尤其是“视风俗之考察，为

①（宋）司马光：《资治通鉴》卷六十八。

②（清）沈垚：《落帆楼集》卷四。

③［日］岸本美绪：《“风俗”与历史观》，台湾《新史学》第十三卷第三期，第 15 页。

政治上必要之端”，力图“正风俗以正人心”。[1]当代学者萧放将传统“风俗”论的基本特征概括为三个方面：一是“风俗”具有较强的伦理品性；二是“风俗”既具有流动贯注的传习性与扩散性，也具有难以变化移易的凝固性；三是虽难改变，但“移风易俗”究其实仍是可能的。[2]另一位学者陈新岗则深入盘点了两汉思想家对“风俗”之形成、演进及功能方面的丰厚论述。台湾学者王庆中从现代社会学视野诠解我国第一部“风俗”专论——东汉应劭所著的《风俗通义》。另一位台湾学者王健文则聚焦秦代与西汉的“整齐乡俗”运动，并将其作为中华“帝国统一工程”的重要环节。极具价值且亟待重视的，乃是日本历史学者岸本美绪女士的传统中国“风俗”研究。她爬梳了中国古典文献中描述“风俗”的术语，并参酌西方近现代政治社会概念框架，从“多样与普遍”“文教与朴素”及“个人与社会”三大维度归纳传统中国“风俗”的涵义。岸本氏将“风俗”概念最终阐释为：“‘风俗’一方面意味着具体的地方性习惯，地方志的风俗卷包括有关岁时、冠婚丧祭、占候、方言等的详细的叙述。可是‘风俗’的涵义并不限于这些具体的行动方式本身。‘风俗’概念的核心却在于，通过这些行动

① 张亮采：《中国风俗史》，中国人民大学出版社，2013，序例页。

② 萧放：《中国传统风俗观的历史研究与当代思考》，《北京师范大学学报》（社会科学版）2004年第6期，第31－40页。

方式表现出来的人民精神的品质。换句话说，‘风俗’就是从‘人民精神的性质’这种观点来评价的某个地方或者某个时代的整个行动方式。”[①] 岸本氏更将传统中国“风俗”与近现代西方与其相近的“文明”（Civilization）及“文化”（Culture，尤其是德国语境下的 Kultur）、“习惯”（Custom）等概念加以比较，颇为雄辩地指出：“中国的‘风俗’概念没有‘文明’那样直线式进步的涵义，也没有‘文化’、‘习惯’那样的对抗外部影响的防御性意识。”[②]

必须强调的是，“风俗”发生时间远早于、内涵与外延远大于现代西方聚焦“民俗”（folkways）的“民俗学”（folklore）。[③] 我们对此要有充分的文明自信。岸本美绪曾将传统中国“风俗”与文化、文明、习惯相比较，指出与“习俗”（法文 les moeurs）相类的观念，“层层辈出于十七、十八世纪之间”，“把‘习俗’认为是比‘法’更深的、更根本的社会

---

①［日］岸本美绪：《“风俗”与历史观》，台湾《新史学》第十三卷第三期（2002 年 9 月），第 7 页。

②［日］岸本美绪：《“风俗”与历史观》，台湾《新史学》十三卷三期（2002 年 9 月），第 7 页。参见［德］诺贝特·埃利亚斯：《文明的进程》，关于英法“文明”与德国“文化”区别的讨论。

③ 参见王晓葵：《“风俗”概念的近代嬗变》，《文化遗产》2010 年第 3 期，第 129-131 页。中国传统的“风俗”观念，毋宁说更接近于近代西方法政学者所谓的“民情”（mores，morality，manners）。参见［法］孟德斯鸠：《论法的精神》（上卷），张雁深译，商务印书馆，1961；［法］伏尔泰：《风俗论》（上卷），梁守锵译，商务印书馆，1994。

孟德斯鸠

托克维尔

规范”。[①] 而当代政治文化史研究者指出：在18、19世纪的法国，从孟德斯鸠《论法的精神》出发，卢梭、贡斯当、基佐直到托克维尔等政治立场各异的政治思想家，都“开始分析在怎样的历史和社会条件下，诸种政体能够从制度上和文化上得以建立和运行”，而且“特别强调了习俗——文化习性、惯例、品质、传统以及人民期望的政治影响”。“对于经验主义和理性主义这两种哲学传统共享的基本前提的个人主义”，他们“往往在方法论上加以拒绝”。“他们对人类行为的分析，

①［日］岸本美绪：《“风俗”与历史观》，台湾《新史学》第十三卷第三期，第15–16页。

是在社会规范和规则指导之下的行为的场景之中进行的”，挑战了当时经验主义者的社会哲学所具有的“非历史”特征。[①]托克维尔更以之为民主的社会文化条件，悄然拓展了传统“民情”的内涵。“托克维尔的分析令我们眼界一开，迫使我们深思民情风尚的改良与整饬，可能更是决定民主政治发展成败的关键。”[②]“风俗”实则兼具了“文明（化）”（英文 civilization）与“习俗”或托克维尔《论美国的民主》中再三提到的“民情”（法文 les moeurs）[③]的两大面向。

汉初面临的政治格局波诡云谲，既有亡秦之鉴，亦有“以布衣取天下”的正当性“缺憾”。也就是说，汉初面临的最大“变局”，恰在于如何在贵族社会基底上，在封建观念仍居主流的背景下，坚持与深化秦所开创的帝国统一事业。

秦帝国短期内覆灭，中国第一个专制帝国的统治彻底失败，而天下帝国统治形态的正当性本身也受到挑战。秦楚之际，秦“破人国家，灭人社稷，绝人后世”，经常被视为秦之“无道”和“速亡”的重要原因；而光复六国、存亡续绝，则

①［美］迈克尔·布林特：《政治文化的谱系》，卢春龙、袁倩译，丛日云校，社会科学文献出版社，2013，“导言”第3-4页；参考该书第一编“扮演他者：法国的社会学传统”，第3-58页。

② 江宜桦：《自由民主的理路》，新星出版社，2006，第119页。

③ 在台版中译本《民主在美国》（即《论美国的民主》）一书中，moeurs 一词实际上分别被翻译为“风俗”“民风”“风俗习惯”和“观念习俗”等。参见［法］托克维尔：《民主在美国》，秦修明、汤新楣、李宜培译，左岸文化，2005。

具有深厚的社会基础特。承袭秦制的汉帝国，如何才能长治久安？深重的危机感在西汉政治思想家心头挥之不去，如贾谊《治安策》所云："臣窃惟事势，可为痛哭者一，可为流涕者二，可为长太息者六，若其他背理而伤道者，难遍以疏举。"帝国的统一，绝不仅仅是军事的统一，亦不仅仅是以单纯暴力垄断为基础的税赋、文字、度量衡等方面的统一，求其长远，必须进行一场国民心灵的更化。而当时的天下诸地，无疑在文化上异俗林立进而可能在政治上殊见纷纭。

"汉承百王之末"，可谓生动揭示了构建帝国秩序的历史债务与现实困境。"六合同风，九州共贯"又能"长治久安"，可谓帝国时代的终极政治理想。而"移风易俗"，则成为两汉政学两界不遗余力、接续推进的一项帝国统一工程。这项工程其实早在秦统一六国前夜之际便已开启。根据睡虎地秦简，公

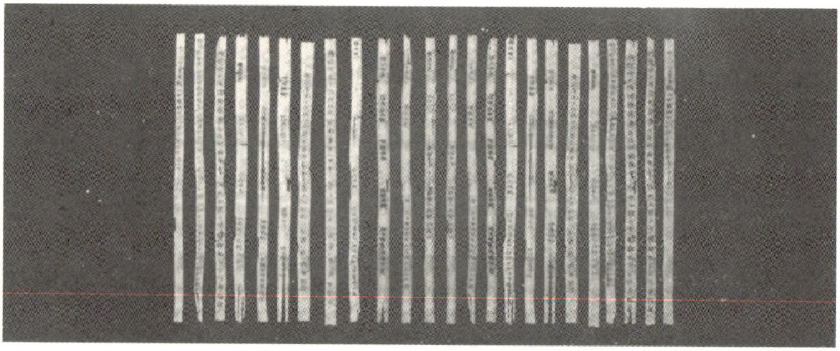

睡虎地秦简

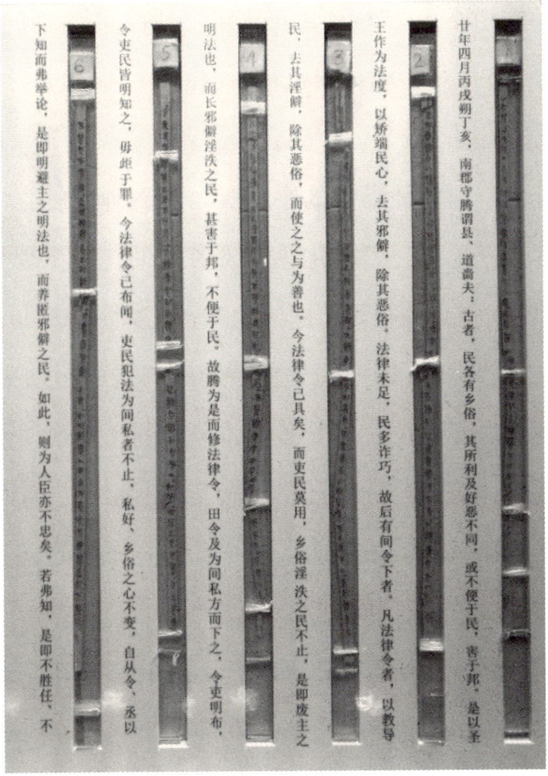

《语书》

元前 227 年，秦南郡守“腾”向县、道啬夫发布一道命令文书——《语书》，要求对“恶俗”严厉取缔，指出：“古者，民各有乡俗，其所利及好恶不同，或不便于民，害于邦。”考虑到南郡实乃秦自楚攻掠未久的楚国故地郢之周边，这道命令更显意味深长；而与“不便于民”相比，“害于邦”恐怕才是郡守乃至秦王国（及至后来的秦帝国）所深深忌惮的。[①] 而国家层面的整齐风俗，则自秦始皇制定祀典、巡行天下、封禅泰山、礼敬神祠便已开启，我国台湾学者王健文指出，从天文星象的宇宙论，到鬼神崇拜的宇宙观，再到地方社会的伦理秩序，这项“壹统类、广教化、美风俗”的统一工程是至为全面的，而其所遭遇的根深蒂固的地方文化力量的反制，亦是相当强悍的。[②] 的确，即令儒学在帝国中初露建制化端倪之后，西汉淮南王刘安仍在其及门客集体编纂的《淮南鸿烈》（《淮南子》）中，尤其是《齐俗》一篇，猛烈批判了要让“礼乐”与全天下各地域一体适用的“表面上绝对的、普遍主义的思想”，提出了自己坚信的地方分权思想。[③]

汉有别于秦的创建之处，更在于帝国国家文化—政治系统（礼制、国家意识形态及其承载人群儒士集团、“三纲六纪”

①［日］池田知久：《睡虎地〈语书〉与〈淮南子·齐俗〉篇——围绕着“风俗”的中央集权和地方分权》，《湖南大学学报》（社会科学版）2013年第6期，第7–19页。参见王健文：《整齐乡俗与鬼神世界的统一：帝制中国初期的信仰秩序》，《成大历史学报》第39号，第1–40页。

② 参见王健文：《整齐乡俗与鬼神世界的统一：帝制中国初期的信仰秩序》，《成大历史学报》第39号，第1–40页。

③ 当然，《淮南子·齐俗》等反普遍主义论述，既有因袭道家法自然的学术脉络，亦存在刘安为代表的诸侯王对于景帝、武帝强干弱枝、集中中央权力戒慎恐惧的现实政治考量。

为代表的类“核心价值观”[1]，等等）的最终确立和深植民间。汉帝国鉴于秦以法家统治失败的经验，急需新的统治思想稳定帝国统治，解决帝国整合问题。就此而言，汉初盛极一时的黄老思想只能完成阶段性的任务，无法长期担当帝国意识形态的核心。而儒学不仅以解释世界为职志，更试图在帝国天下改造世界，为此不断兼收并蓄、因革损益，自我转化、重新论述，终于在一番竞逐之后，在武帝时脱颖而出，成功地长久扮演帝国意识形态核心的角色。[2]

于汉儒而言，当儒家取得国家意识形态核心地位之后，“风俗”无疑便发挥着某种“顶天立地”的政治濡化功效。借鉴人类学家雷德菲尔德关于“大传统”与“小传统”的分类[3]，有学者曾指出：儒家所代表的“大传统”与地方风俗的“小传统”之间，如何通过循吏在地方的道德教化，将大传统播撒到帝国的各个角落，以建立儒家理想的文化秩序。这些兼为儒者的循吏，在地方作为传播者推行儒家教化的同时，也进行着“华夏化”的时代使命。大传统不仅源自民间，而且回

① 以东汉章帝亲自主持召开的白虎观会议及其成果《白虎通》为典型标志，时在西汉武帝独尊儒术之后约200年矣。

② 参见林聪舜：《儒学与汉帝国意识形态》，上海人民出版社，2017。

③ Robert Redfield, *Peasant Society and Culture: An Anthropological Approach to Civilization*, The University of Chicago Press, 1956. 尤其参见该书第三章“The Social Organization of Tradition”, pp. 67-104.

归民间。汉儒高度重视文化统一工作，汉宣帝时王吉上疏云："春秋所以大一统者，六合同风，九州共贯也。"[①] 而"移风易俗，莫善于乐"[②]。乐府采诗主要是中央政府想要了解各地的风俗（"观风俗，知薄厚"[③]），而观察风俗则又是为移风易俗做准备的，这是整个儒家的"礼乐教化"理论中的一个重要环节，而承担大传统的统治阶层对于各地的民间小传统给予这样全面而深切的注意，这在世界文化史上真可谓别具一格。观风采谣别有超越政治之上的更深含义，也含有限制帝王"一人肆于民上"的用意。于是，在横贯公元前后的数百年中，汉代官家与儒士"以渐不以剧"地以礼乐大传统化民成俗，追求政治统一之外的文化统一，在当时的历史条件下实现了某种文化—政治上的一体多元，更形塑了后世"风俗"论说的基本轮廓。

"一个庞大的帝国，若仅依靠板结僵硬的制度结构，收紧于中央权力，就会悬浮在基层社会之上，相互脱节，无法得到士风和民彝的滋养。"[④] 仅靠制度与法治，仅靠权力和利益关系

---

①（东汉）班固：《汉书》卷七十二。

②（东汉）班固：《汉书·地理志》。语出《孝经·广要道》："子曰：教民亲爱，莫善于孝。教民礼顺，莫善于悌。移风易俗，莫善于乐。安上治民，莫善于礼。……"。

③（东汉）班固：《汉书》卷三十。

④ 渠敬东：《中国传统社会的双规治理体系：封建与郡县之辩》，《社会》2016年第2期，第24-25页。

的调整是远远不够的，没有道统对于皇权的约束，没有士大夫的学问修养和人格培育，没有教化对于民风的引导和劝谕，任何政治都无法存活延续。由儒家主导的“风俗”论说，绝不仅是自上而下的“灌注式”的政治濡化，实际上对于地方社群的主体性，是预留了颇多关照的。在某种程度上，两汉以降的传统中国“风俗”论说甚至对后者颇有保留之处，具有某种“寓封建之意于郡县之中”的风貌。

读者诸君，作为本章的结尾，请允许我引述一位人类学家对于典型的传统华南单姓村落人文景观的描摹：

> 当走进一个村落，特别是华南宗族组织发展后的单姓村，我们会特别留意村落中一些或可当作为“圣地”的空间：宫庙、坟茔与祠堂。这三个分别对应着神、鬼、祖先的空间，之所以可以当作圣地或有几个理由：它们是村庄中与人界以外之世界交界的地点；它们是许多祭典、仪式举行的场所；它们也是集体历史记忆所系之地。当然还有其他这样的地点，像是某棵有灵的老树、某位先祖的住居，或是某个社群过去重要事件（如死伤多人的战疫或瘟疫）发生的地点。宫庙、坟茔与祠堂与之不同的是，这三个场所更规制化，更与经久累积的文化规则、惯习结合在一起。老树可成宫庙、住居可成祠堂、葬地可成坟茔，然当村落中的社群有意识地缔造出宫庙、坟茔与祠

> 堂等空间时，他们也借着运作这些有历史、有地理普及性的规则与惯习，与一个更大的、想象中的整体建立起联系。①

或多或少，您是否感觉得到：这样的村落，这样的中国，祖祖辈辈、子子孙孙、世世代代，就在您的心里，就在您的身边？

① 李仁渊先生语，载廖宜方：《王权的祭典：传统中国的帝王崇拜》，台湾大学出版中心，2020，序言页。

第五章

古代中国国家治理思想如何构成？

尽管中国传统思想从哲学理论角度或者从神学角度比不了古印度、希腊、波斯或者希伯来文明，但是从政治及社会思想的丰富角度则可以说超越了这些文明，足以跟现代欧洲多元化的政治思想相媲美。

——［以色列］尤锐：《西方的政治学与中国传统政治思想：从忽略到认可？》

没有世界性资本主义的政治—经济结构和近代自然科学理论，马克思主义的出现是不可设想的。但若没有犹太—基督教思想资源，马克思主义的出现也是不可设想的。同样，中国知识人接受马克思主义，没有世界性资本主义的政治—经济结构对中华帝国的冲击和近代自然科学理论对中国知识人的刺激，是不可设想的；但若没有中国思想传统中的某种精神资源，毛泽东的马克思主义也是难以设想的。

——刘小枫：《儒家革命精神源流考》

近代思想家梁启超先生曾经著有精彩的《先秦政治思想史》，主要讨论了春秋战国诸子百家极盛之时的政治思想情况。梁启超先生说道：

人类全体文化，从初发育之日起截至西历十五六世纪以前，我国所产者，视全世界之任何部分，皆无逊色。虽然，我国文化发展之途径，与世界任何部分，皆殊其趋。故如希伯来人、印度人之超现世的热烈宗教观念，我无有也；如希腊人、日耳曼人之冥想的形而上学，我虽有之而不昌；如近代欧洲之纯客观的科学，我益微微不足道。然则中国在全人类文化史中尚能占一位置耶？曰：能。中国学术，以研究人类现世生活之理法为中心，古今思想家皆集中精力于此方面之各种问题。以今语道之，即人生哲学及政治哲学所包含之诸问题也。盖无论何时代何宗派之著述，未尝不归结于此点。坐是之故，吾国人对于此方面诸问题之解答，往往有独到之处，为世界任何部分所莫能逮。吾国人参列世界文化博览会之出品恃此。

梁启超先生犀利地指出，中国学术，以研究人类现世生活之理法为中心，高度关注人生哲学及政治哲学所包含之诸问题。质言之，中国传统学问之中，可以说富含着关于国家治理的思想资源。梁启超进而将古代中国国家政治思想宝藏的特色概括为三：世界主义、平民主义或民本主义、社会主义。尽管梁启超先生的观点受了饱满奋发的民族自豪情感刺激，但我们必须看到，从先秦时代的孔子、孟子、荀子、墨子、韩非子，到明末清初的黄宗羲、顾炎武、王夫之，虽然并没有西方意义上的“政治”与现代意义上的“政治学”，但其理论贡献之大，单看中华文明数千年来蔚为一体、文化阜盛，并对东亚地区乃至世界产生莫大辐射便可见一斑。正如许倬云先生所言：“治国的目的即在使百姓安居乐业、法律公平、社会安定。这些观念出现于中国，早于欧洲两千年。”①

梁启超先生还举了美国总统林肯关于何谓“民主”的著名界定——“民有、民治、民享”为例，认为民有、民享之义，“我先民见之甚明，信之甚笃”，然而“惟一切政治当由人民施行，则我先民非惟未尝研究其方法，抑似并未承认此理论，夫徒言民为邦本，政在养民，而政之所从出，其权力乃在人民以外，此种无参政权的民本主义，为效几何？我国政治论之最大缺点，毋乃在是”。

① 许倬云：《中国古代文化的特质》，新星出版社，2006，第38页。

梁启超先生还曾将古代中国国家治理思想的重要特点，界定为“反国家主义或超国家主义”：

> 其向外对抗之观念甚微薄，故向内之特别团结亦不甚感其必要，就此点论，谓中国人不好组织国家也可，谓其不能组织国家也可。无论为不好或不能，要之国家主义与吾人夙不相习，则甚章章也。此种反国家主义，或超国家主义的政治论既深入人心，政治实况当然受其影响。以二千年来历史校之，得失盖参半。常被异族蹂躏，是其失也；蹂躏我者非久便同化，是其得也。最后总结算，所得优足偿所失而有余。盖其结果，常增加‘中国人’之组成分子，而其所谓‘天下’之内容，乃日益扩大也。欧洲迄今大小数十国，而我国久已成为一体，盖此之由。①

2021年7月1日，习近平总书记在中国共产党建党一百周年纪念大会上的重要讲话中指出，坚持把马克思主义基本原理同中国具体实际相结合、同中华优秀传统文化相结合。本章篇首所引以色列中国思想研究大家尤锐教授的话，中肯揭示了古代中国“政治及社会思想的丰富”；而篇首所引刘小枫教授的核心重大判断，则是所谓“马儒结合”或“儒马会通”问题。因此，本章的写法，乃是首先概述古代中国国家治理思想

① 梁启超：《先秦政治思想史》，东方出版社，1996，第2-3页。

的主要特质，再围绕我国《宪法》所确定的“国家根本任务”亦即社会主义现代化建设由以展开的“五大文明”（中国特色社会主义的物质文明、政治文明、精神文明、社会文明及生态文明）领域，条分缕析古代中国国家治理传统中的“某种精神资源”与新时代中国特色社会主义国家治理的互通之处。

古代中国国家治理方面的思想财富，得到了当代中国党和国家领导人的高度重视。习近平总书记指出，民惟邦本、政得其民，礼法合治、德主刑辅，为政之要莫先于得人、治国先治吏，为政以德、正己修身，居安思危、改易更化，等等，这些都给人们以重要启示。此外，包括儒家思想在内的中国传统思想文化中的优秀成分，对中华文明形成并延续发展几千年而从未中断，对形成和维护中国团结统一的政治局面，对形成和巩固中国多民族和合一体的大家庭，对形成和丰富中华民族精神，对激励中华儿女维护民族独立、反抗外来侵略，对推动中国社会发展进步、促进中国社会利益和社会关系平衡，都发挥了十分重要的作用。2019 年 11 月，在纪念孔子诞辰 2570 周年国际学术研讨会暨国际儒学联合会第六届会员大会上，王岐山同志指出：“小康”“大同”“天下为公”，与中国特色社会主义事业息息相通；“重民”“安民”等民本思想，与“以人民为中心”“全心全意为人民服务”一脉相承；“仁义礼智信”，与家国情怀、责任担当乃至社会主义核心价值观交相辉映；“和而不同”“协和万邦”，与开放合作、推动构建人类命运共同体的理念思致相因。

2021 年 3 月，习近平总书记在福建考察时指出，我们走中国特色社会主义道路，一定要推进马克思主义中国化。如果没有中华五千年文明，哪里有什么中国特色？如果不是中国特色，哪有我们今天这么成功的中国特色社会主义道路？我们要特别重视挖掘中华五千年文明中的精华，弘扬优秀传统文化，把其中的精华同马克思主义立场观点方法结合起来，坚定不移走中国特色社会主义道路。

指导中国改革开放四十余年成功的是中国特色社会主义理论。中国特色社会主义理论最成功的经验是马克思主义中国化。马克思主义传入中国后，科学社会主义的主张受到中国人民热烈欢迎，并最终扎根中国大地、开花结果，决不是偶然的，而是同我国传承了几千年的优秀历史文化和广大人民日用而不觉的价值观念融通的。中国特色社会主义是马克思主义与中华文明相结合的社会制度。中国特色社会主义的物质文明建设、政治文明建设、精神文明建设、社会文明建设及生态文明建设，均是马克思主义与包括古代中国国家治理思想在内的中华文明相结合的产物。

第一节　古代国家治理思想与当代物质文明建设

社会主义市场经济是新时代中国特色社会主义物质文明建设的鲜明指向，也是马克思主义与中华文明相结合的产物。

解放和发展社会生产力，是社会主义的本质要求。实现“两个一百年”奋斗目标、实现中华民族伟大复兴的中国梦，不断提高人民生活水平，必须坚定不移把发展作为党执政兴国的第一要务，坚持解放和发展社会生产力，坚持社会主义市场经济改革方向，推动经济持续健康发展。

我们要建设的市场经济，既植根于马列主义的公平正义，也植根于中华文明的大同理想，具有鲜明的社会主义属性和中国属性。计划经济不等于社会主义，资本主义也有计划；市场经济不等于资本主义，社会主义也有市场。然而，“消灭剥削，消除两极分化，最终达到共同富裕”与“解放生产力，发展生产力”共同构成了邓小平同志所讲的“社会主义的本质”。贫穷不是社会主义，“两极分化”也不是社会主义。共同富裕是社会主义的本质要求，是人民群众的共同期盼，推动经济社会发展，归根结底是要实现全体人民共同富裕。市场决定资源配置是市场经济的一般规律，市场经济本质上就是市场决定资源配置的经济，但市场在资源配置中起决定性作用并不是起全部作用。我们既需要通过使市场在资源配置中起决定性作用，让一切劳动、知识、技术、管理和资本充满活力、竞相迸发，让一切创造社会财富的源泉充分涌流，也需要通过坚持发挥我国社会主义制度的优越性，更好发挥党和政府的积极作用，让改革发展成果更多更公平惠及全体人民，朝着实现全体人民共同富裕的目标稳步迈进。

中华文明向来将人本身置于中心地位。“天生烝民，有物有则。民之秉彝，好是懿德。”[1] 利与欲是人类与生俱来的自然天性，物质生产活动是人的首要的、第一位的活动；但人同时还是社会的存在，具有人文素养，能够以义制利、以道制欲。“公私之辨”和“义利之辨”自古以来就是中华文明传统经济伦理中的一大重要命题，而占据主流地位的价值取向，实为公私兼顾、义利并举，既承认私利与利己，又承认公义与利他，但利他当高于利己、公义应高于私利。而从中华文明传统经济治理来看，“正德、利用、厚生”乃治国“三事”[2]，“德惟善政，政在养民”离不开“正德、利用、厚生、惟和”[3]。按照经传的解释，“正德以率下，利用以阜财，厚生以养民，三

①《诗经·大雅·烝民》。
②《左传·文公七年》。
③《尚书·大禹谟》。

者和，所谓善政”。“厚生”是“利用”的目的，“正德”是“利用”的规矩。“有国有家者，不患寡而患不均，不患贫而患不安。”[1] 应当以“损有余而补不足”的“天之道”，规训“损不足而益有余”的“人之道”[2]。“上下交争利而国危矣”[3]，决不能使“厉害了我的国”，异化为“利，害了我的国”！

社会主义市场经济的成功离不开中华文明。其一，“执其两端，用其中于民”的中庸精神，具有统合原则性与灵活性、持经达变、与时俱进的“时中”气质，以及以强韧包容力尊重差异、和而不流的“中和”法则。[4] 借助此种相反相成、海纳百川的辩证法智慧，我们可以避免纯而又纯、整齐划一的僵固思维，发挥多元通和的杂交优势，确保经济转型的渐进平稳，而非激进动荡；确保经济发展的多元和合，如政府作用与市场经济相结合、公有制经济与非公经济相结合、独立自主与对外开放相结合，等等。其二，不仅存在“家国矛盾”，更有“家国合力”。中华文明的“家国共同体”本于身家心理、伦理，益于国家治理、经理，[5]具有以家庭本位提升人力资

①《论语·季氏》。

②《道德经》第七十七章。

③《孟子·梁惠王上》。

④《礼记·中庸》。

⑤《礼记·大学》：“古之欲明明德于天下者，先治其国；欲治其国者，先齐其家；欲齐其家者，先修其身。”而“自天子以至于庶人，壹是皆以修身为本”。《孟子·离娄上》：“天下之本在国，国之本在家，家之本在身。”

源素质、激励民众创新创业、助力改革发展稳定的思想、制度与组织资源。其三，中华文明中的“经济”向来强调“经世济民”，具有浓厚的政治意涵与公共属性；儒家伦理与殖产兴业并行不悖，“义利之辨”为经济生活注入浓厚的伦理品质；国家“以百姓之心为心”[①]“不与民争利”[②]且“因民之所利而利之”[③]，积极介入组织生产、再分配和基础设施建设各环节，有力统筹整合各地域、阶层的经济生活，在公私产权之间、农商业态之间、贫富阶层之间、节流开源之间、安全财富之间、局部全局之间、眼前长远之间努力维持平衡，并注重抑制地产兼并、节制资本干政、扶助弱势民众。

我们已经全面建成惠及十几亿人口的更高水平的小康社会，实现了第一个百年目标，兑现了党对人民的庄严承诺。全面建成小康社会，实现世所罕见的经济快速发展奇迹和社会长期稳定奇迹，正是中国几千年来“以义制利”的经济伦理在当代的创造性转化与创新性发展，是“义利”在现代条件下的有机结合，也是以马克思主义深刻批判资本主义市场经济利益至上和两极分化弊端、以社会主义方向与原则矫正经济不平衡与不充分发展的有效体现。展望第二个百年目标，社会主

①《道德经》第四十九章。
②《史记·循吏列传》。
③《论语·尧曰》。

义市场经济仍要发展马列主义、激活中华文明。我们必须全面深化改革、构建高水平社会主义市场经济体制，坚持实施更大范围、更宽领域、更深层次对外开放，我们必须创新驱动发展、全面塑造发展新优势，加快发展现代产业体系、推动经济体系优化升级，形成强大国内市场、构建新发展格局，优先发展农业农村、全面推进乡村振兴，优化国土空间布局、推进区域协调发展和新型城镇化。实践发展永无止境，理论创新永无止境，中国化马克思主义政治经济学势将在继承中不断成熟完善；面对贫富差距持续扩大、物欲追求奢华无度、个人主义恶性膨胀、社会诚信不断消减、伦理道德每况愈下、人与自然关系日趋紧张等当代人类难题，中国化马克思主义政治经济学势将在“为中国人民谋幸福、为中华民族谋复兴”的同时“为人类社会谋大同”。

第二节　古代国家治理思想与当代政治文明建设

国家治理现代化是新时代中国特色社会主义政治文明建设的鲜明指向，也是马克思主义与中华文明相结合的产物。

马克思主义告诉我们，国家属于社会的上层建筑，是社会发展到一定阶段上的产物，是从社会中产生但又自居于社会之上并且日益同社会脱离的力量，是统治阶级实现其阶级统治的工具，也是兼具政治统治和社会管理职能的制度集合体。同时，国家是一种历史现象，并非从来就有，也不会永远存在。但是，在可以预见的相当长的社会主义阶段，国家都不会消亡；无产阶级夺取政权后，不能简单地运用现成的国家机器来达到自己的目的，必须建立无产阶级专政的政权机构来代替统治阶级的国家机器；一国的政治制度决定于该国的经济社会基础，同时又反作用于其经济社会基础，乃至于起到决定性作用。在社会主义国家，人民是国家的主人，国家的一切权力属于人民，这是社会主义民主与资本主义民主的本质区别。同时，制度是治国安邦的根本，“领导制度、组织制度问题更带有根本性、全局性、稳定性和长期性”，“制度好可以使坏人无法任意横行，制度不好可以使好人无法充分做好事，甚至会走向反面”。怎样治理社会主义社会这样的全新社会，在以往世界社会主义国家实践中没有解决得很好。东欧剧变、苏联解体甚至古往今来的国家兴衰有多方面原因，没有形成有效的国家治理体系与治理能力是其中一个重要原因。把社会主义中国治理好，具有社会主义发展史乃至人类文明史的深远意义。

我们要实现的国家治理现代化，既植根于马克思主义的国家学说，也植根于传统中国的治国理政之道，具有鲜明的社会主义属性和中国属性。中国特色社会主义制度和国家治理体系是在长期实践探索中形成的科学制度体系，是人类制度文明史上的伟大创造，是我党团结带领中国人民在推翻帝国主义、封建主义和官僚资本主义反动统治后，创造性地运用马克思主义国家学说，在七十多年不断探索实践中建立起来的保证亿万人民当家作主的全新国家制度和国家治理体系。我国国家治理一切工作和活动都依照中国特色社会主义制度展开，我国国家治理体系和治理能力是中国特色社会主义制度及其执行能力的集中体现。当代中国的国家治理，既忠实吸收了马克思主义国家理论、有效发挥了社会主义制度优势，又深植中国国家治理历史传统，具有鲜明的中国本位、中国风格与中国气派。

中国具有深厚悠久的国家治理传统，此种传统中饱含着足资当代社会主义中国治国理政的宝贵思想与制度资源。国家治理的思想资源可概括为如下六大方面。一是“奉天承运，多难兴邦”：中国古代国家的产生及理性演化，莫不是为了平息战乱、应对天灾、定分止争、纾解时艰；而中国古代国家极其重视政治正当性问题，自所谓“殷周变革”开始，便自觉地将统治的终极理由和一朝一代的优劣判准，寄托在“天命”之上。“皇天靡亲，惟德是辅”，人们普遍相信，因应天道乃是特定政权最大的“政德”，顺之者昌，逆之者亡。二是“政者正也，民惟邦本"："天视自我民视，天听自我民听"①，"民惟邦本，本固邦宁"②，"国不以利为利，以义为利"③，国家治理并不是纯粹技术性、工具性的事务，国家对于国民负有不可推卸的伦理责任；天下非一人之天下，政权乃天下之公器，须谋天下之公利，必须做到以民为本、使民以时、"亲民"惠民、义利并举。同时也应看到，儒家的民本主义所言的"民主"，主要指的是"（作）民之主"，而并非"民（自）主之"，在强调执政团队政治责任与德才素质的同时，较为缺乏"民治"的成分。三是"家国之理，普天之下"：《礼记·大学》明确指出"格致诚正修齐治平"的"八条目"，强调在"自天子以至于庶人，壹是皆以修身为本"的基础上，政治主体必须渐次履行对于家、国、天下的义务，而不应汲汲于一己私利，甚至只为一家、一国狭隘利益而行动也被视为丢掉了"天下"担当；而此种"天下观"，实际上为传统中国国家治理赋予了文明本位与和平主义的性格。四是"礼法合治，德主刑辅"：传统中国国家治理看重"礼乐"在人际、社会及政治关系中的协调作用，看重"德治"在拔擢心灵、完善人性过程中的积极功效，经由秦汉以后儒法官僚制国家"霸王道杂之"④的

①《尚书·泰誓》。
②《尚书·五子之歌》。
③《礼记·大学》。
④《汉书·元帝纪》。

施政实践，实现日常国家治理的制度化运作。值得重视的是："礼禁未然之前，法施已然之后；法之所为用者易见，而礼之所为禁者难知。"[①] 礼的作用在教育，法的作用在防范；礼是提振社会向上的引绳，法是维护社会安定的底线。五是"选贤与能，讲信修睦"：《周礼》曰："惟王建国，辨方正位，体国经野，设官分职，以为民极。"《礼记·礼运》曰："大道之行也，天下为公。选贤与能，讲信修睦。"唐代杜佑指出："夫人生有欲，无君乃乱。君不独理，故建庶官。"[②]"设官分职，选贤任能，得其人则有益于国家，非其才则贻患于黎庶，此又不可不知也。"[③] 选贤任能、广纳贤才、不拘一格、五湖四海等理念，逐渐成为中国政治思想、制度实践乃至"内圣外王"之"修身—经世"思维的题中应有之义，构成中国政治传统的光辉遗产和当下亮色。六是"其命维新，长治久安"："乱莫大于无天子，无天子则强者胜弱，众者暴寡，以兵相残，不得休息。"[④] 传统中国国家治理极其看重政治稳定，如何确保国祚永续，如何不断因应内外挑战避免神州飘摇、兵连祸结，成为传统政治思维的重要特征。在此基础上，注重"穷变通久"[⑤]，

①《史记·太史公自序》。
②《通典·选举六》。
③《旧唐书·食货志上》。
④《吕氏春秋·有始览·谨听》。
⑤ 出自《周易·系辞下》。

以治国理政为“事业”[1]；注重经权之道，区分“不可得与民变革者”及“所得与民变革者”[2]，具有统筹改革、发展与稳定的朴素认知。国家治理的制度资源，“大一统”是其本根。其法权内涵是国家完整，正道内涵是天下为公，政体意涵是中央集权，治理内涵是礼法合治，道义内涵是文化本位。“大一统”不等于“大统一”，不仅强调集权于“一”，更强调思想之“统”。中国传统国家治理高度重视道德教化，要求中央政权必须具备政治正当性，要求执政者必须要有伦理先进性，要求中国必须要有相对于周边地区的文明感召力和辐射力。“大一统”具有兼收并蓄、互利共赢、同化入侵外族、融通异质文明的包容性，确保金瓯永固、海内归一的统一性，追求同根同种同文同教的亘古亘今的连续性，泽润政治、道洽生民的不离人伦日用的贯通性，以及国强不霸、近悦远来的内敛性。所谓“经国序民，正其制度”[3]，围绕“大一统”这一政治文明本根，传统中国还积累了大量曾经在历史进程中行之有效、足以维系一个广土众民跨体系大国的具体制度，如皇帝制度、宰辅制

①《周易·系辞上》：“形而上者谓之道，形而下者谓之器，化而裁之谓之变，推而行之谓之通，举而措之天下之民谓之事业。”

②《礼记·大传》：“圣人南面而治天下，必自人道始矣。立权度量，考文章，改正朔，易服色，殊徽号，异器械，别衣服，此其所得与民变革者也。其不可得变革者则有矣！亲亲也，尊尊也，长长也，男女有别，此其不可得与民变革者也。”

③《前汉纪·孝武皇帝纪一》。

度、台谏制度、选举制度、考绩制度、史官制度、司法制度、军事制度等，有效地处理了传统中国国家治理的基本关系，如分裂与统一、集权与分权、中央与边疆、庙堂与江湖、因袭与鼎革、逆取与顺守、官府与经济、中国与外邦，等等。例如，皇帝制度作为传统中国国家的制度中枢，衍生出君相体制及官僚体制，进而演绎出选贤体制和乡绅传统；郡县制度取代封建制度，连同各类因俗而治、怀柔远人的边疆治理制度，牢固树立了统一的单一制中央集权国家，建立了地方直接受控于中央政府的官僚政治体制，维护国家统一、金瓯永固；三省六部制则是帝制中国全盛时期中枢政治体制的基本运行架构，高度强调决策的内部过程性与功能性分权；科举制度提倡分科取士，构成有效促进社会纵向流动、提升人才录用与政治吸纳力的延绵 13 个世纪的中国特色“选举”；监察制度强调从中央到地方各级监察机构单线垂直管理，对监察官员的派遣则贯彻“以小驭大”原则；史官制度则体现了中国政治评判独具一格的历史感，可以说历史就是中国的宗教，史书就是帝王的判官。

如前文所述，“民惟邦本、政得其民，礼法合治、德主刑辅，为政之要莫先于得人、治国先治吏，为政以德、正己修身，居安思危、改易更化”，以及“好战必亡”“忘战必危”①

①《司马法·仁本第一》。

等治国理政智慧，对中华文明形成并延续发展几千年而从未中断，对形成和维护中国团结统一的政治局面，对形成和巩固中国多民族和合一体的大家庭，对形成和丰富中华民族精神，对激励中华儿女维护民族独立、反抗外来侵略，对推动中国社会发展进步、促进中国社会利益和社会关系平衡，都发挥了十分重要的作用。“小康”“大同”“天下为公”，与中国特色社会主义事业息息相通；“重民”“安民”等民本思想，与“以人民为中心”“全心全意为人民服务”一脉相承；“仁义礼智信”，与家国情怀、责任担当乃至社会主义核心价值观交相辉映；“和而不同”“协和万邦”，与开放合作、推动构建人类命运共同体的理念思致相因。“江山就是人民，人民就是江山”，以马克思主义为指导并植根中国大地、具有深厚中华文化根基的中国特色社会主义制度和国家治理体系深得人民拥护，具有强大生命力和巨大优越性，能够持续推动中国发展进步和中华民族伟大复兴。

第三节　古代国家治理思想与当代精神文明建设

社会主义文化强国是新时代中国特色社会主义精神文明建设的鲜明指向，也是马克思主义与中华文明相结合的产物。

马克思主义认为，文化是人类实践生产中的对象化，是伴随着劳动形成的人类对世界改造的主体性。人类在实践活动中的一切产物，不管是现实产物还是思想产物，都必然蕴含着文化的内涵。文化作为社会意识，乃是社会存在的反映，要遵循其客观规律性，因而有落后文化与先进文化之分。物质贫困不是社会主义，精神贫困也不是社会主义，应当发展面向现代化、面向世界、面向未来的，民族的科学的大众的社会主义文化，推动社会主义精神文明和物质文明协调发展。同时，文化要为人类实践服务，应通过对于不同文化的认知、比较、判断、继承与改造实践，取其精华去其糟粕，推动优秀传统文化创造性转化与创新性发展，实现文化自知、文化自觉与文化自信。因此，文化是民族的血脉，是人民的精神家园。文化自信是更基本、更深层、更持久的力量。坚定中国特色社会主义道路自信、理论自信、制度自信，说到底是要坚定文化自信。应当发展中国特色社会主义文化，加强社会主义精神文明建设，激发全民族文化创新创造活力，建设社会主义文化强国。

我们要建设的文化强国，既植根于革命文化和社会主义先进文化，也植根于中华优秀传统文化，具有鲜明的社会主义属性和中国属性。中国共产党从成立之日起，就既是中华优秀传统文化的忠实传承者、弘扬者和发展者，又是中国先进文化的积极倡导者和建设者。在领导人民进行革命、建设、改革的伟大实践中，中国共产党自觉肩负起传承发展中华优秀传统文化的历史责任。“坚持社会主义核心价值体系”是新时代坚持和发展中国特色社会主义的十四条基本方略之一；“坚持共同的理想信念、价值理念、道德观念，弘扬中华优秀传统文化、革命文化、社会主义先进文化，促进全体人民在思想上精神上紧紧团结在一起”，则是我国国家制度和国家治理体系的十三条显著优势之一；2017 年，中央决定开展中华优秀传统文化传承发展工程；“兴文化”亦与“举旗帜、聚民心、育新人、展形象”一道，构成了新时代宣传思想战线的五项使命任务。

中华文化具有独一无二的理念、智慧、气度、神韵，不断激发着中国人民和中华民族内心深处的自信和自豪。近年来，我们在讲清楚中华优秀传统文化的历史渊源、发展脉络、基本走向，讲清楚其独特创造、价值理念、鲜明特色方面，做出了不懈努力。其一，中华优秀传统文化具有“讲仁爱、重民本、守诚信、崇正义、尚和合、求大同”等思想精华和道德精髓，具有恒久深厚的时代价值，构成以爱国主义为核心的民族精神和以改革创新为核心的时代精神的传统资源，亦构成涵养社会主义核心价值观的重要源泉。其二，优秀传统文化的“创造性转化”与“创新性发展”，实为“周虽旧邦，其命维新”[①]古老命题的当代版本。中国文化具有举世仅见的强劲的连续性，在世界古文明中，文化没有断过流、始终传承下来的只有中国。由冯友兰先生撰稿、闻一多先生题字的《国立西南联合大学纪念碑铭》曰：“我国家以世界之古国，居东亚之天府，本应绍汉、唐之遗烈，作并世之先进。将来建国完成，必于世界历史，居独特之地位。盖并世列强，虽新而不古；希腊、罗马，有古而无今。惟我国家，亘古亘今，亦新亦旧，斯所谓‘周虽旧邦，其命维新’者也。”所谓“旧邦”，即指文化传统；所谓“新命”，即指现代化。文化史的发展证明，“旧邦新命”是文化发展的规律。其三，“文化”一词本身在中国传统中即具有独特而深厚的国家治理意蕴。“文”是名词，本义是“各色交错的纹理”，后引申为包括语言文字在内的各种象征符号，进而具体化为文物典籍、礼乐制度等义。“化”是动词，本义为“改易、生成、造化”，亦即事物形态或性质的变化，后引申为教行迁善之义，从而亦具有敦风化俗的政治意

①《诗经·大雅·文王》。

味。有据可考的“文”“化”二字联用最早见之于《周易》：“刚柔交错，天文也。文明以止，人文也。观乎‘天文’，以察时变；观乎‘人文’，以化成天下。”① 西汉以后，“文”与“化”方合成一个整词，如“圣人之治天下也，先文德而后武力。凡武之兴，为不服也，文化不改，然后加诛”②，“文化内辑，武功外悠”③，等等。可以说，华夏先民心目中的“文化”，就是“以文化之”④，“举旗帜、聚民心、育新人、展形象”都是“兴文化”的题中应有之义，既突出了“文”的相对稳定性与时间上的传承性，又彰显了“化”的动态发展性与空间上的延展性。其四，对文化上述治国理政作用的认知，还体现在所谓“改易更化”之中。汉儒董仲舒曾向武帝进言：“故汉得天下以来，常欲善治而至今不可善治者，失之于当更化而不更化也。古人有言曰：‘临渊羡鱼，不如退而结网。’今临政而愿治者七十余岁矣，不如退而更化；更化则可善治，善治则灾害日去，福禄日来。”⑤ 如果说“改易”相当于深化改

①《周易·贲卦·彖传》。

②《说苑·指武》。

③《文选·补之诗》。

④ 19世纪末学界先贤在翻译英文“Culture”时，便运用“文化”一词与之对应，堪称巧思绝对、颇具匠心。邸永君：《汉语“文化”一词由来》，载《学习时报》，2005年7月25日，第6版。另可详参邸永君：《汉语“中国文化”之词源》，中国社会科学网，http://www.cssn.cn/news/350305.htm。

⑤《汉书·董仲舒传》。

革，“更化”便是以儒家礼乐教化为具体内容的、以建立新秩序为目标的政治文化运动。“壹是皆以修身为本”[①]“六合同风，九州共贯”[②]的更化思想，与核心价值体系建设具有内在关联。“中国”既有空间地理含义，又有居于此种空间而来的主体性观念和自我意识，具有极强的文明性。所有生活在此空间区域之中，共享中国观念，认同其文明—政治秩序形态之人，皆为中国人。儒家注重以柔性的人文化育手段实现“近悦远来”“官民一体”的王道政治理想，所谓“德者得也”[③]，内得于心，外得于人，人民有信仰，民族有希望，国家有力量。一个良善的国家治理秩序，欲求其长远深固，就既应当是一种由可靠而管用的制度勾连与保障的“物理的”秩序，也应当是一种由根深蒂固、返本开新的文化润滑与滋养的“心灵的”秩序。

建设社会主义文化强国，必须坚持马克思主义在意识形态领域的指导地位，坚定文化自信，坚持以社会主义核心价值观引领文化建设，加强社会主义精神文明建设，围绕举旗帜、聚民心、育新人、兴文化、展形象的使命任务，促进满足人民文化需求和增强人民精神力量相统一。实现传统文化创造性转化

①《礼记·大学》。
②《汉书·严朱吾丘主父徐严终王贾传》。
③《礼记·乐记》。

与创新性发展，不是文化复古，也不是现代新儒家的“返本开新”，更不是以中国传统文化取代马克思主义。中国特色社会主义植根于中华沃土，是马克思主义中国化的实践产物，是马克思主义普遍原理同中国革命具体实践、同中国改革开放具体实践相结合的产物，自然也就是与中国传统文化相结合的产物。非但不存在传统文化与马克思主义对立的问题，恰恰相反，中华优秀传统文化是马克思主义中国化的本土文化资源，是马克思主义在中国落地生根的文化土壤。同时，马克思主义的传入也改变了中国传统文化的发展方向，为传统文化注入了新的生机和活力。只有礼敬传统，坚守传统，中华民族才能拥有文化自尊和文化自信；只有面向世界，面向未来，中华民族才能建立“旧邦新命”的文化自觉，对中国道路进行前瞻性的文化思考，在当代世界文化激荡中立于不败之地。“自古有不王道之富强，无不富强之王道”①，果敢质朴的“北方之强”和宽柔忠恕的“南方之强”②共同构成天下之至强。而社会主义现代化强国，必然是文化强国，必然是超越“西方之强”

① 魏源：《默觚下·治篇一》。

②《礼记·中庸》：“子路问强。子曰：‘南方之强与？北方之强与？抑而强与？宽柔以教，不报无道，南方之强也，君子居之。衽金革，死而不厌，北方之强也，而强者居之。故君子和而不流，强哉矫！中立而不倚，强哉矫！国有道，不变塞焉，强哉矫！国无道，至死不变，强哉矫！’”

的“东方之强”①。

第四节　古代国家治理思想与当代社会文明建设

社会治理共同体是新时代中国特色社会主义社会文明建设的鲜明指向，也是马克思主义与中华文明相结合的产物。

马克思主义认为，与一般市民社会息息相关的物质生活关系决定着整个人类历史；作为市民社会主体的资产阶级对物质资料生产活动的高度控制即资本主义私有制，决定着作为市民社会典型形式的整个资本主义社会的面貌。资本主义社会完整而全面地反映了市民社会的本质，市民社会自私自利的狭隘性在资本主义条件下得到了最为充分的暴露。人的本质不是单个人所固有的抽象物，在其现实性上，它是一切社会关系的总和。马克思主义所推崇的社会，显然不是市民社会，而是“人类社会或社会化的人类”。马克思主义注重从社会关系上界定人的本质，除了提出社会发展五阶段论之外，还提出了著名的人的发展三阶段论，即“人的依赖性”“物的依赖性”和“自由个性”三阶段。社会主义是社会历史进程的必然阶段，是

① 胡国亨：《东方之强与西方之强》，载《胡国亨文集》（文化学卷），兰州大学出版社，2000，第21-35页。

对资本主义社会制度的替代，是共产主义的初级阶段，其核心价值就是平等，其目的就是实现人的全面发展。社会主义的社会建设，乃是要完成从“个人本位”向“社会本位”、从资本主义市民社会向社会主义人民社会的转变。

我们要建设的社会治理共同体，既植根于革命文化和社会主义先进文化，也植根于中华优秀传统文化，具有鲜明的社会主义属性和中国属性。社会治理是国家治理的重要方面，十九届四中全会提出的建设人人有责、人人尽责、人人享有的社会治理共同体，完善党委领导、政府负责、民主协商、社会协同、公众参与、法治保障、科技支撑的社会治理体系，是对社会治理规律认识的深化与拓展，为新时代推进社会治理现代化提供了指引。构建社会治理共同体的出发点和落脚点，是以人民为中心，实现好、维护好和发展好最广大人民的根本利益，同时促进人的全面发展和社会全面进步。为此，在社会主义初级阶段应当尽力而为、量力而行，健全基本公共服务体系，扎实推动共同富裕，完善共建共治共享的社会治理制度，不断增强人民群众获得感、幸福感、安全感。治理和管理一字之差，体现的是系统治理、依法治理、源头治理、综合施策；要发挥社会各方面作用，激发全社会活力，群众的事同群众多商量，大家的事人人参与；要加强社区治理体系建设，推动社会治理重心向基层下移，发挥社会组织作用，实现政府治理和社会调节、居民自治良性互动；要做好城乡社区工作这门大学问，务期“让千家万户切身感受到党和政府的温暖”。

中华文明向来具有共同体本位的鲜明特质，足以为新时代推进社会治理共同体建设提供厚重的本土资源。其一，“家国共同体”。家族及其衍生组织是以血缘为基底的身份取向的群体，而非以超血缘为基底的契约取向的群体。古希腊城邦与周天子封邦，分别奠定了深刻影响中西政治文明走向的“城国”与“家国”想象。前者假定“人是城邦（‘政治’）动物”，后者主张“人是家的（‘伦理’）生灵”。周初封建，周天子富有“天下”（“四海为家”）而建“国”，诸侯有其“国”（“以国为家”）而立“家”，卿大夫有其“家”而为次级卿大夫置“侧室”，如是者层层“封建”，实则构成了基于宗法血缘的一层层的“大家”与“小家”。“家”是儒家学说的逻辑起点，也是传统中国人“修身”的物理与心理的栖息所，人性、伦理和德行的养育场。爱有差等，施自亲始，从“亲亲”亲子利他、亲缘利他，到“尊尊”“贤贤”超越亲缘之爱的衍生处，也在“家”。“家”与“国”并非截然两分，小“家”是大“国”的缩影，“国政”是“家政”的扩大化，“家”是“国”的根本，“家国”秩序的维系以“家”为圆心。此乃中国古代社会“家国同构”的基本模式。“齐家”进而“治国”“平天下”，体现出传统中国社会治理打通“心理”“伦理”与“治理”的鲜明特质。秦汉帝国以郡县天下取代封建天下，但宗法制下的“家国天下”想象没有实质改变。由家国同构与差序格局，引申出作为基层治理主体力量的乡绅制度，引申出由循吏、乡老、宗族、乡约等共同构成的教化制度，实现了相对简约的基层社会治理。其二，“士庶共同体”。中华文明在古代文明中最早自觉打通上下阶级区隔，从低级贵族和平民中吸收新鲜血液，奠定了不断发展壮大的基础。“中国政治与文化之变革，莫剧于殷、周之际”，周公制礼作乐，是“旧制度废而新制度兴”，“其旨则在纳上下于道德，而合天子、诸侯、卿、大夫、士、庶民以成一道德之团体”，“周之制度典礼，实皆为道德而设”。[①]《礼记·礼运》描述的大同社会理想，实际上既是政治理想，又是礼治理想。礼乐是中国文化之心，“中国人之所以成为民族，因为‘礼’为全中国人民树立了社会关系准则”。孔子强调以“德”配“位”乃至以“德”致“位”，促成了“君子”“小人”的去血缘化，使“君子”“非表示地位”“乃表示品格”，使“阶级荡平，寒素上遂”，成就“伦理本位、职业分立”之局。而郡县制帝国的“编户齐民社会”，进一步打消了社会的“上下”乃至“内外”区隔。梁启超曾说：“欧洲自罗马以后仍为列国，

① 王国维：《殷周制度论》。

中国自两汉以后永为一统”，其背后的重要社会原因在于“欧洲有分国民阶级之风而中国无之”。帝制中国日渐发展出高度成熟的选贤任能体系，以科举、铨叙、台谏、史撰等制度，力求在“使贤能登进”的同时使之“不致滥用权力以假公而济私”，其客观后果则是实现突破血缘的普遍性转化，用普世性人文价值搭建起“士庶共同体”的“天理人心”根基，也就为集权化的简约、柔性社会治理奠定了认同基础。

社会治理共同体顺应社会治理新形势新任务新挑战的必然要求，为破解我国社会治理难题提供了新思路。推进社会治理共同体建设，要把党的领导作为根本保证，坚持以人民为中心的发展思想，凝聚起政府、市场、社会等各种主体的治理合力，寻求社会意愿和诉求的最大公约数，不断满足人民群众日益增长的美好生活需要。社会治理应该是通透而有效能的。我国将“治理能力”与“治理体系”并举，提出打通联系、服务居民群众的“最后一公里”，究其实正是为了切实提升“好制度”的“执行力”。这就需要我们克服帝制晚期中国士人与民众之间联系个体化、地方化、碎片化的痼疾，通过中国社会的“再组织化”，重建党政部门及党员干部与社会治理其他主体之间的密切关联。社会治理，还应该是温润而有真情的。身体国体，俱为一“体”；理病理国，同秉一“理”。最讲究“通则不痛”，最忌讳“麻木不仁”。社会治理的对象不仅是社会整体，更是一个个鲜活而真实的个体；甚至社会治理的理想境界，乃是“明明德于天下”[①]，使每一个个体都彰显其道德与治理上的主体性。疫情防控中社会治理的温润，突出体现在“以百姓之心为心”的“感而遂通”，体现在“各得分愿”“皆得其宜”的“絜矩之道”[②]。建设社会治理共同体，亟待将化解“家国矛盾”“士庶矛盾”作为当务之急，进而实现“国”与“家”、“士”与“庶”在当代中国的“破镜重圆”。

第五节　古代国家治理思想与当代生态文明建设

生态文明可持续发展是新时代中国特色社会主义生态文明建设的鲜明指向，也是马克思主义与中华文明相结合的产物。

马克思主义是对资本主义的超越，包含着对工业文明的反思，使生态文明成为马克思主义的内在要求和社会主义的根本属性。马克思主义认为，自然是客观自然与历史自然的统一，制约和规定着人的生存和发展，随着实践水平的提高，人必将走向与自然的和解与和谐；人是自然存在属性与社会存在属性的统一，人的解放只能是在对自然规律认识的基础上，通过调

①《礼记·大学》。
②《礼记·中庸》。

整人的社会存在属性与积极顺应自然才能实现；人与自然关系的和谐是人与人、人与社会关系协调的重要基础，是社会主义制度的结果。在上述思想基础上，20 世纪 70 年代以来兴起的生态社会主义形成了如下观点：资本主义制度是造成全球生态危机的根本原因；生态危机成为转移经济危机的新手段；环境问题的本质是社会公平问题；必须用生态理性取代经济理性；未来社会应该是人类文明史上的一场质的变革，应是一个经济效率、社会公正、生态和谐相统一的新型社会。这个社会必将是个可持续发展的社会，必将采用生态经济的模式，而社会主义制度正是实现生态经济的根本保证。生态文明体现了社会主义的基本原则，如同时反对极端人类中心主义与极端生态中心主义的以人为本原则，以及可持续发展与社会公平公正原则。社会主义的物质文明、政治文明和精神文明都离不开生态文明。

从以人为本、全面、协调、可持续的科学发展观，到创新、协调、绿色、开放、共享的发展理念，再到把生态文明建设以突出地位融入经济建设、政治建设、文化建设、社会建设各方面和全过程的美丽中国执政理念，我们党高度重视建设中国特色社会主义生态文明。中国特色社会主义生态文明理论，是马克思主义中国化的最新成果，是社会主义最高原则的又一追求，是中国国情的必然选择。这个必然性，除了人口资源环境现实选择外，还有着中华传统本身所蕴含的“天人合一”的文化需求。从文化上看，西方工业文明的基础就是人类中心主义，即将人视为自然万物的主宰和中心，就是将自然视为不断满足人类无限欲望的对象。事实上，人的欲望可以无限，但地球的资源是有限的，既不能满足资本主义的无限扩张，也不能满足共产主义的“按需分配”。西方工业文明在几百年间创造了空前的物质文明和社会财富，几乎等于传统社会的总和，但也消耗了亿万年的自然储备，带来了不可克服的全球生态危机。

中华文化蕴含着深刻的生态智慧，从伦理、制度、日用到史撰，无不秉持、体现、践行和记载着深刻的生态智慧，儒释道三家都在追求人与自然的和谐统一。儒家主张“天人合一”，其本质是“主客合一”，肯定人与自然界的统一；强调“民胞物与”，即人与人、人与物之间，犹如同胞手足，朋友兄弟，万物一体而相互仁爱。孔子说：“天何言哉？四时行焉，百物生焉，天何言哉？”他以“天命”建立了人间尊卑礼法；孟子认为“天人相通”，人要以仁义道德来约束自己，以求天人合德；董仲舒认为“天人相类”，天人之间具有微妙的相互感应关系；宋明理学则将“天人一体”变成了心性之学，使天成为人间道德规范的终极根源。概言之，儒家主张天道即人道，天地生生之德的道德意义和伦理价值，需要人来实现，人恰恰可以由“尽心”而“知性”，由“知性”而“应天”。但过分强调“天命”，会忽视人类改造自然、利用自然为人类服务的一面。因此，儒家传统中还有一支主张“天人交胜”的流派，其代表人物有荀子、王夫之等，主张一方面应当发挥主观能动精神，充分运用自然规律“制天命而用之”；另一方面又要“交相胜，还相用”，看到人的有限性，遵循自然天道的正常规律，实现二者的协调发展。道家崇尚“自然”，希望通过“道法自然”实现人道契合、人道为一。老子言“道大、天大、地大、人亦大”，道在第一，天地由道而生，万物与人既是平等又是相互联系的，反对人为、机心，主张顺道而为，复归于朴。庄子认为“天地与我并生，而万物与我为一”，提倡一种“天地有大美而不言”，“独与天地精神相往来”的生命境界。佛教虽为外来文化，但很好地实现了与中国本土文化的融合，成为中华传统的重要组成部分，最有中国特色的莫过于禅宗。禅宗所体现出的

孔子

东土大乘佛教精神完全是中国式的，它对天人合一观念的理解，对中华道德礼义的吸收，对简朴生活方式的认同，无不反映出中国本土文化的影响。佛教提出“佛性”为万物本原，万物之差别仅是佛性的不同表现，其本质乃是佛性的统一，众生平等，“山川草木，悉皆成佛”，是以消除“分别心”为佛家最根本的原则之一。儒释道三家的生态智慧，均强调一个“度”字。“度”不仅是中国政治智慧，也是中国人的生活智慧，更是中国生态智慧的凝练表达。上连天道自然，下通人伦日用。不追求物质享受的最大化，而是追求生命之美和人生意境，使得生态文明中的日常生活超越了现实的功利追求。这些生活实践看似涓涓细流，却共同汇成了生态文明所需要的健康文明的生活方式。这种从容有度的生活方式通过节制人的无限欲望，追求充实饱满的精神境界，能够纠正西方工业文明所带来的消费主义和虚无主义的重重迷误。中华传统文明虽然是农业文明时期的产物，但具有普世价值，更能够进行现代的创造性转化。尤其是在生态方面，因为中华传统不仅在价值理念上以天人合一为诉求，而且具有一系列的制度设计与之相匹配，更是深入到了广大人民群众几千年的生活实践中，对于解决当前生态危机、推进生态文明建设具有很强的针对性。

中华文明是工业文明的迟到者，绝不能再成为生态文明的迟到者。相反，社会主义中国必将成为人类生态文明的先行者。放眼未来，我们要牢牢坚持绿水青山就是金山银山的理念，坚持尊重自然、顺应自然、保护自然，坚持节约优先、保护优先、自然恢复为主，守住自然生态安全边界；深入实施可持续发展战略，实行最严格的生态环境保护制度，完善生态文明领域统筹协调机制，构建生态文明体系，促进经济社会发展全面绿色转型，建设人与自然和谐共生的现代化。对此，崇尚“天人合一”的中华文明将持续提供坚实的哲学基础与思想源泉。

王阳明

有人曾问王阳明，《大学》也就是“大人之学”的根本为何在于“明明德”？王阳明回答说：“大人者，以天地万物为一体者也，其视天下犹一家，中国犹一人焉。”[①]这种回答，实际上体现出中华文明深厚的“共同体”义理。“人与自然共同体”与“以天地万物为一体”，“中华民族共同体”与“中国犹一人”，“人类命

① 王阳明：《大学问》。

运共同体”与“天下犹一家”，党的十九大报告提出的三个“共同体”与上述传统中国共同体想象符契相合。“大人”要有顶天立地的“大的样子”，“大党”和“大国”也要有这般“大的样子”。做好古代中国国家治理的宝贵思想资源的赓续与转化，定能有助于更好地为中国人民谋幸福，为中华民族谋复兴，为人类社会谋大同，探索立足于马克思主义与中华文明的中国特色社会主义各项事业的“可大可久”之道。

第六章

中国国家如何由古代演进到现代？

为政以德，譬如北辰，居其所而众星共之。

——《论语·为政》

以力假仁者霸，霸必有大国；以德行仁者王，王不待大……以力服人者，非心服也，力不赡也；以德服人者，中心悦而诚服也，如七十子之服孔子也。

——《孟子·公孙丑上》

《书》曰："汤一征，自葛始。"天下信之，东面而征，西夷怨；南面而征，北狄怨，曰："奚为后我？"

——《孟子·梁惠王下》

凡兼人者有三术：有以德兼人者，有以力兼人者，有以富兼人者。……故曰：以德兼人者王，以力兼人者弱，以富兼人者贫，古今一也。

——《荀子·议兵》

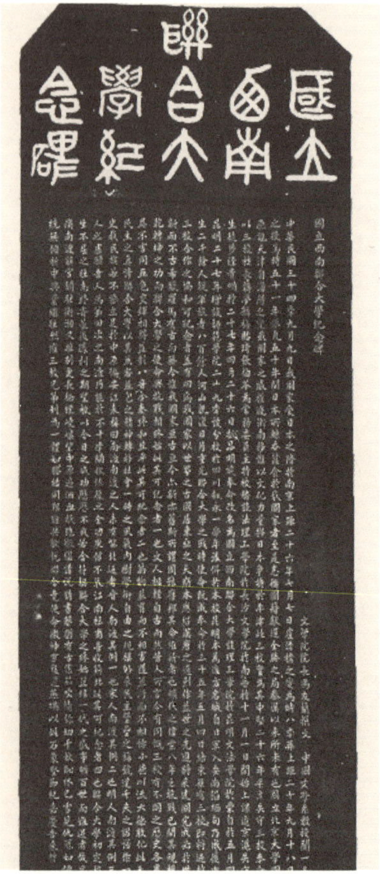

国立西南联合大学纪念碑铭

探讨新时代中国特色社会主义的国家治理，断不能丢弃五千年的文明累积。中国历史的一个显著标志是其文化、语言和地域的连续性。[①] 由冯友兰先生撰稿、闻一多先生题字的《国立西南联合大学纪念碑铭》曰："我国家以世界之古国，居东亚之天府，本应绍汉、唐之遗烈，作并世之先进。将来建国完成，必于世界历史，居独特之地位。盖并世列强，虽新而不古；希腊、罗马，有古而无今。惟我国家，亘古亘今，亦新亦旧，斯所谓'周虽旧邦，其命维新'者也。"中国文明是自发生以来从未中断的文明，具有强劲的连续性。[②]"文化没有断过流、

① 参见［美］阿尔伯特·克雷格：《哈佛极简中国史：从文明起源到 20 世纪（修订珍藏版）》，李阳译，中信出版集团，2019，第 50 页。

② 赵汀阳：《惠此中国：作为一个神性概念的中国》，中信出版集团，2016，第 13 页。

始终传承下来的只有中国。”应该看到，所谓“亘古亘今、亦新亦旧”的“从未中断”“始终传承”“具有强劲的连续性”的“中国之谜”，其重要谜底之一，恰在于古代中国在国家治理方面积累下来的深厚智慧。一方面，“在国家形成的过程中，古代中国在历史演化中走出了一条和欧洲经验迥异的发展道路”；另一方面，“无论是古典时代的夏商周，还是剧变时代的春秋战国，无论是开天辟地的秦汉帝国，还是辉煌盛世的唐宋帝国，都创造了别具一格的国家治理模式，为人类留下了宝贵的经验”[①]。

第一节　近现代中国国家治理变迁

一、从传统国家走向现代国家

西方的现代国家观念与实践传入中国，确实给国人造成了极大的话语冲击与知识震荡。梁漱溟先生曾经指出：“像今天我们常说的‘国家’‘社会’等等，原非传统观念中所有，而是海通以后新输入的观念。旧用‘国家’两字，并不代表

① 燕继荣等：《中国治理：东方大国的复兴之道》，中国人民大学出版社，2017，第 4 页。

今天这涵义，大致是指朝廷或皇室而说。”他还认为，在所谓“身家国天下”四者之中，中国人重视“家”与“天下”，西洋人则重视“身”与“国家”：“在西洋人的意识中生活中，最占位置者为个人与团体两级；而在中国人则为家庭与天下两级。此其大较也。”林语堂先生所著《中国文化之精神》指出：历史上中国的发展，是作为一世界以发展的，而不是作为一个国家。梁漱溟称赞“这话大体是不错的”，“秦汉后的中国”“缺乏阶级，不像国家，自是负面；而伦理本位，职业分途，即社会以为国家，二者浑融莫分，乃为正面”。[①]

尽管传统中国理性“早启”，政治“早慧”，制度“早熟”，但也发展“早滞”。秦统一中国后的2000多年间，无论发生多少朝代更替，但“溥天之下，莫非王土；率土之滨，莫非王臣”的社会观念始终没变。从1840年鸦片战争到19世纪末，在列强入侵、国内矛盾尖锐的情况下，这一在中国绵延了几千年的政治制度遇到了严重危机。谁可担当“旧邦新命”的大国治理重任？直至历史和人民选择了中国共产党，中国国家治理现代化和中华民族伟大复兴才展现出前所未有的光明前景。

从托马斯·莫尔的《乌托邦》算起，世界社会主义有着500余年的发展历史。2013年1月5日，习总书记在新进中央

① 参见梁漱溟：《中国文化要义》，上海人民出版社，2011，第155-159页。

委员会的委员、候补委员学习贯彻党的十八大精神研讨班上，曾从思想源头和实践历程上深刻阐明了世界社会主义500年发展的曲折历史，从6个时间段分析了社会主义思想从提出到现在的历史过程，内容包括空想社会主义产生和发展，马克思、恩格斯创立科学社会主义理论体系，列宁领导十月革命胜利并实践社会主义，苏联模式逐步形成，新中国成立后我们党对社会主义的探索和实践，我们党做出进行改革开放的历史性决策、开创和发展中国特色社会主义。实践证明，科学社会主义或马克思主义的命运早已同中国共产党的命运、中国人民的命运、中华民族的命运紧紧连在一起，其科学性和真理性在中国得到了充分检验，其人民性和实践性在中国得到了充分贯彻，其开放性和时代性在中国得到了充分彰显。然而，从各社会主义国家发展历程看，怎样治理社会主义社会这样的全新社会，在以往世界社会主义实践中没有解决得很好。① 马克思和恩格斯未经历全面治理一个社会主义国家的实践，其关于未来社会的设想很多是预测性的；其深刻论述的巴黎公社的实践毕竟范围小、时间短，未遇到后来社会主义国家所面临的大范围、全局性、长时间的矛盾和问题。列宁在十月革命后不久就逝世了，尽管他生前已看到社会主义实践进程中产生的问题超出了

① 参见中共中央宣传部：《习近平新时代中国特色社会主义思想三十讲》，学习出版社，2018，第98页。

预计，也创造性地提出了一些政策举措，但未来得及深入探索和实践。之后，苏联在这个问题上也进行了探索，取得了一些成功经验，但也犯下了严重错误，卒致国亡政息。东欧剧变、苏联解体有多方面原因，没有形成有效的国家治理体系与治理能力是其中一个重要原因。[①]治理好“中国这样具有超长时间历史纵深、超大幅员国土面积、超大数量人口规模、超常复杂民族宗教结构乃至越来越超大规模经济体量的社会主义发展中国家”[②]，可以说具有社会主义发展史的深远意义。

正如人民英雄纪念碑碑文所言，“由此上溯到一千八百四十年”。鸦片战争以降，西方列强的坚船利炮将“老大帝国”从昏睡中叫醒，横遭“三千年未有之变”的中国逐渐沦为一个半殖民地半封建国家。习近平同志强调，中国遭受如此欺凌，陷入如此境况，其根本原因就是毛泽东同志所深刻指出的：“一是社会制度腐败，二是经济技术落后。”从世界历史看，现代国家是近代西方崛起的政治基础，成为民族认同和市场经济发展的有力保障。而古往今来的大多数社会动荡、政权

① 参见刘世军：《中国政治学研究新时代的到来》，载《文汇报》，2014年6月30日。

② 何毅亭：《中国特色社会主义制度和国家治理体系形成的历程和成就》，载本书编写组《〈中共中央关于坚持和完善中国特色社会主义制度、推进国家治理体系和治理能力现代化若干重大问题的决定〉辅导读本》，人民出版社，2019，第157页。

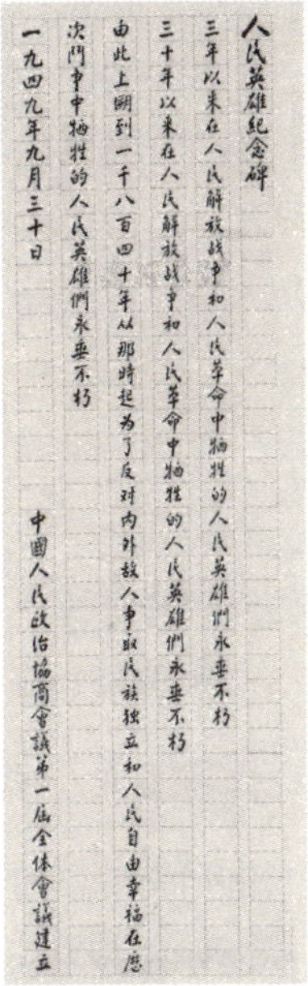

人民英雄纪念碑及碑文

更迭，原因最终都可归结为没有形成有效的国家治理体系与治理能力，使各种社会矛盾和问题日积月累、积重难返，带来严重政治后果。

事实上，滥觞于西欧的现代国家治理在历史中大致呈现出如下基本特质：（1）现代国家治理强调理性化，认为国家应该自主规划战略布局，理性计算利益得失，主张政治和宗教分离、政治和家族分离、政治和种族分离，保障国家相对于宗教派别、意识形态、王室血缘、道德情感等的自主性。（2）现代国家治理通过革命、建国、立宪、确立执政党等方式，打造出稳定的、有高度凝聚力和共识的精英集团，保障了国家决策的科学化与决策实施的执行力。(3)现代国家治理有广泛的代表性与包容性，能够敏捷、顺畅地反映民意，破除精英执政群体封闭化与既得利益集团板结化，疏通社会流动与公众参与，在保障经济社会发展活力基础上维持政局稳定。(4)现代国家治理有鲜明的法治品格，通过确立奠基于个体基础之上的法权结构，为其公民建立起公正、平等、可预期的政治秩序，保障现代经济发展、社会良序与科技进步。(5)财政是现代国家治理的生命线，关乎国家资源汲取和自我存续；财政制度是国家治理现代化极其重要的内容。现代国家治理依赖于税，呈现出典型的“税收型”特征。(6)现代国家治理高度重视观念濡化，将价值认同视为一项重要的基本公共产品，供应给本国国民与国际社群，务期将国家价值体系予以内化。现代社会科学特别是政治学中关于国家的一系列理论认知，应该说构成了近现代中国国家建设与国家治理现代化的重要理论背景。

有学者曾经指出：“作为促进经济发展的工具，中国政府(笔者按，指清政府)的羸弱几乎令人难以置信。”[①] 而中国落

① Dwight H. Perkins, “Government as an obstacle to industrialization: the case of nineteenth century China”, *The Journal of Economic History*, 27 (1967), pp. 478-492.

后挨打的真正根源在于国家治理组织化程度低于西方，正如毛泽东《论持久战》所言："日本敢于欺负我们，主要的原因在于中国民众的无组织状态。"同时，"人类历史上，没有一个民族、没有一个国家可以通过依赖外部力量、跟在他人后面亦步亦趋实现强大和振兴。那样做的结果，不是必然遭遇失败，就是必然成为他人的附庸"[①]。由于中西方文明的深刻差异和历史道路的不同，中国现代国家建构必须依据中华文明和中国实际走出一条自己的道路，特别是依靠现代政党完成社会统合和政治统一，将"一盘散沙"的人民"组织起来"，争取独立，并在和平中塑造一体多元的中华民族共同体。这条道路，乃是以中华文明为根基、以民族先锋队为主导、以"组织起来"为目标的独特道路。但是，从政治社会革命走向国家治理现代化不可能一蹴而就，需要付出艰苦卓绝的努力。正如习总书记所言：

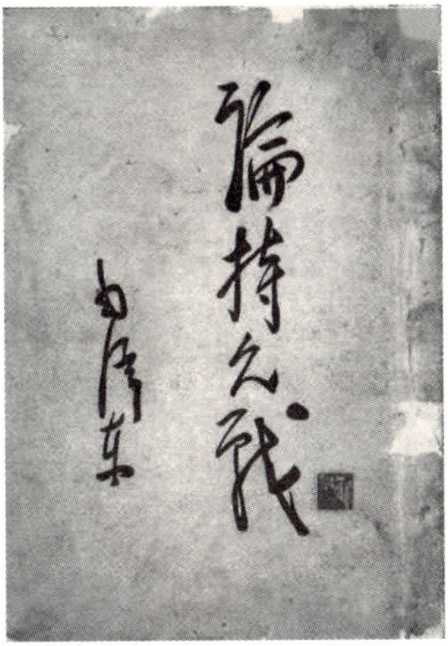

毛泽东《论持久战》

"从世界历史角度看，经过长期剧烈的社会变革之后，一

① 习近平：《在纪念毛泽东同志诞辰一百二十周年座谈会上的讲话》，《十八大以来重要文献选编》（上），中央文献出版社，2014，第 699 页。

个政权要稳定下来，一个社会要稳定下来，必须加强制度建设，而形成比较完备的一套制度往往需要较长甚至很长的历史时期。……英国从 1640 年发生资产阶级革命到 1688 年‘光荣革命’形成君主立宪制度，用了几十年的时间，而这套制度成熟起来时间就更长了。美国从 1775 年开始独立战争到 1865 年南北战争结束，新的体制才大体稳定下来，用了将近 90 年的时间。法国从 1789 年发生资产阶级革命到 1870 年第二帝国倒台、第三共和国成立，其间经历了多次复辟和反复辟的较量，用了 80 多年时间。就是日本，1868 年就开始了明治维新，但直到第二次世界大战结束后才形成了现在这样的体制。”

三个甲子以来的国史，正是上述看法极佳的证明。

二、中华人民共和国的国家治理发展脉络

建立中国共产党、成立中华人民共和国、推进改革开放和中国特色社会主义事业，是五四运动以来我国发生的三大历史性事件，是近代以来实现中华民族伟大复兴的三大里程碑。1921 年中国共产党的诞生是开天辟地的大事变，深刻改变了近代以后中华民族发展的方向和进程、中华民族的前途和命运，乃至世界发展的趋势和格局。中国共产党人的初心和使命，就是为中国人民谋幸福，为中华民族谋复兴。而建立什么样的国家制度和治理体系，则是一代代共产党人念兹在兹的问

题。习总书记曾指出：十月革命一声炮响，给中国送来了马克思列宁主义，同时也送来了一种全新的国家治理理念。我党通过对中国社会的深刻分析，认为只有社会主义才能解决中国的问题。在领导中国革命进程中，我党不断思考未来建立什么样的国家治理体系的问题，并且在全国执政后继续探索这个问题。改革开放前，尽管在建设社会主义上取得了重要的理论和实践成果，为开辟新路打下了重要基础、提供了重要启示，但在国家治理体系上还未找到一种完全符合我国实际的模式。改革开放以来，我党开始以全新角度思考国家治理问题。十九大报告指出：党是最高政治领导力量。中国特色社会主义最本质的特征是中国共产党领导，中国特色社会主义制度的最大优势是中国共产党领导。十九届四中全会《决定》指出：我国国家制度和国家治理体系具有多方面的显著优势，其中首要的是坚持党的集中统一领导，坚持党的科学理论，保持政治稳定，确保国家始终沿着社会主义方向前进。坚持和完善中国特色社会主义制度、推进国家治理体系和治理能力现代化，是全党的一项重大战略任务，必须在党中央统一领导下进行。

中华人民共和国的成立是中国乃至世界历史上的划时代事件。中国人民从此站起来了，近代以后100多年中国积贫积弱、受人欺凌的悲惨命运从此改变了，中华民族实现伟大复兴的壮阔道路从此开启了。2019年，中共十九届四中全会在新中国成立70周年华诞之际召开，其重要主题涉及的“中国特色社会主义制度和国家治理体系”，也要放到建国70年历史视野中审视。中国特色社会主义制度和国家治理体系，是中国共产党团结带领中国人民在推翻帝国主义、封建主义和官僚资本主义反动统治后，创造性运用马克思主义国家学说，深刻总结国内外正反两方面经验，在不断探索实践、不断改革创新中建立起来的保证亿万人民当家作主的全新国家制度和国家治理体系，是人类制度文明史上的伟大创造。从新中国成立到党的十一届三中全会前，我们党确立了人民当家作主的国家制度，建立起社会主义基本制度，不断探索适合国情的社会主义建设道路，为当代中国一切发展进步奠定了根本政治前提和制度基础。从党的十一届三中全会到党的十八大前，我们党鲜明提出走自己的路、建设有中国特色的社会主义，积极推进经济体制及其他体制改革，形成中国特色社会主义制度，不断完善国家治理体系，为改革开放和现代化建设提供了坚实制度保障。应当清醒地认识到：十九届四中全会全面梳理和概括的一整套中国特色社会主义制度和国家治理体系，如果离开了上述前提和基础，其构成与优势都将是不完整的。

习总书记曾经指出：我们党作出实行改革开放的历史性决策，是基于对党和国家前途命运的深刻把握，是基于对社会主义革命和建设实践的深刻总结，是基于对时代潮流的深刻洞察，是基于对人民群众期盼和需要的深刻体悟。改革开放是我们党的一次伟大觉醒，正是这个伟大觉醒孕育了我们党从理论到实践的伟大创造。改革开放是中国人民和中华民族发展史上一次伟大革命，正是这个伟大革命推动了中国特色社会主义事业的伟大飞跃。1992 年，中国改革开放的总设计师邓小平同志在南方谈话中说："恐怕再有三十年的时间，我们才会在各方面形成一整套更加成熟、更加定型的制度。在这个制度下的方针、政策，也将更加定型化。"① 而今，相对曾经讲过的很多现代化特别是"四化"而言，"国家治理现代化"亦即"制度现代化"已然成为中国全面开展的"第五个现代化"，成为极其珍贵的改革共识。改革开放 40 多年的实践启示我们：制度是关系党和国家事业发展的根本性、全局性、稳定性、长期性问题。必须扭住完善和发展中国特色社会主义制度这个关键，为解放和发展社会生产力、解放和增强社会活力、永葆党和国家生机活力提供有力保证，为保持社会大局稳定、保证人民安居乐业、保障国家安全提供有力保证，为放手让一切劳动、知识、技术、管理、资本等要素的活力竞相迸发，让一切创造社会财富的源泉充分涌流而不断建立充满活力的体制机制。在进一步推进国家治理现代化过程中，"惟改革者进，惟创新者

① 邓小平：《邓小平文选》第 3 卷，人民出版社，1993，第 372 页。

强，惟改革创新者胜”，要坚决破除一切妨碍发展的体制机制障碍和利益固化藩篱，着力固根基、扬优势、补短板、强弱项，加快构建系统完备、科学规范、运行有效的制度体系，推动中国特色社会主义制度更加成熟更加定型。

第二节 新时代中国特色社会主义国家治理实践

一、新时代中国特色社会主义国家治理的基本制度、体系与能力①

中国共产党的十八大召开以来，以习近平同志为核心的党中央，面对复杂多变的国内外情势，以巨大的政治勇气和强烈的责任担当，推动党和国家事业取得历史性成就、发生历史性变革，使中国特色社会主义进入了新时代，使中华民族迎来了从站起来、富起来到强起来的伟大飞跃。在此过程中，我们党提出一系列新理念新思想新战略，出台一系列重大方针政策，推出一系列重大举措，推进一系列重大工作，解决了许多长期

① 本部分有关论述，主要参考了孔新峰：《习近平关于推进国家治理体系和治理能力现代化重要论述的历史逻辑与科学内涵》，《当代世界社会主义问题》，2019年第1期，第12-21页。《人大复印报刊资料·中国特色社会主义理论》2019年第8期全文转载。

想解决而没有解决的难题，办成了许多过去想办而没有办成的大事，推动党和国家事业发生历史性变革。这些历史性变革，对党和国家事业发展具有重大而深远的影响。同时，十九大报告所言的“社会矛盾和问题交织叠加，全面依法治国任务依然繁重，国家治理体系和治理能力有待加强”等问题，仍有待克服。推进国家治理体系和治理能力现代化，是十八届三中全会首次提出并经十九大进一步确立的全面深化改革的总目标之一。十九大报告提出的十四条新时代坚持和发展中国特色社会主义的基本方略中的第三条“坚持全面深化改革”，对此予以重申。党中央通过领导人民统筹推进“五位一体”总体布局、协调推进“四个全面”战略布局，推动中国特色社会主义制度更加完善、国家治理体系和治理能力现代化水平明显提高；并在近年来的全面深化改革实践中，坚持问题导向和目标导向相结合，为政治稳定、经济发展、文化繁荣、民族团结、人民幸福、社会安宁、国家统一提供了有力保障。十九届四中全会《决定》实际上构成了对新时代中国特色社会主义治国理政伟大实践的系统总结、经验集成乃至理论升华。

中国特色社会主义制度是党和人民在长期实践探索中形成的科学制度体系，我国国家治理一切工作和活动都依照中国特色社会主义制度展开，我国国家治理体系和治理能力是中国特色社会主义制度及其执行能力的集中体现。当代中国国家治理体系是在中国共产党的领导下治理国家的制度体系，是一整套紧密相连、相互协调的国家制度。这包括根本政治制度、基本政治制度、基本经济制度、中国特色社会主义法律体系，以及经济、政治、文化、社会、生态文明建设和党的建设等各领域的体制机制，是一系列国家治理制度的集成和总和。当代中国国家治理能力则是运用国家制度管理社会各方面事务的能力，是中国特色社会主义制度的执行能力。国家治理体系和治理能力两者相辅相成，单靠哪一个治理国家都不行。[①] 治理国家，制度是起根本性、全局性、长远性作用的。然而，没有有效的治理能力，再好的制度也难以发挥作用。国家治理体系和治理能力是一个国家制度和制度执行能力的集中体现。

中国是世界上最大的社会主义国家，奉行的是社会主义制度。就国家治理体系而言，我们自建国以来不断探索，发展出中国特色社会主义的国家政权理论、执政党理论、政治代表理论、人民民主理论等。这些理论既是对世界政治科学的巨大贡

① 国家治理体系和治理能力虽有紧密联系，但又不是一码事，不是国家治理体系越完善，国家治理能力自然而言就越强。综观世界，各国各有其治理体系，而各国治理能力由于客观情况和主观努力的差异又有或大或小的差距，甚至同一国家在同一治理体系下不同历史时期的治理能力也有很大差距。参见:《习近平：全面深化改革的总目标是完善和发展中国特色社会主义制度、推进国家治理体系和治理能力现代化》(中共中央文献研究室编:《习近平关于全面深化改革论述摘编》之三)，人民网，http://cpc.people.com.cn/n/2014/0725/c164113-25339444-2.html，2021 年 6 月 7 日。

献，也是中国特色社会主义理论体系的有机组成部分。更重要的是，中国国家治理体系有着鲜明的价值指向，即坚持社会主义方向。同时，中国国家治理体系具有“三位一体”的鲜明特质，即党的领导、人民当家作主与依法治国有机统一。党的领导是人民当家作主和依法治国的根本保证，人民当家作主是社会主义民主政治的本质特征，依法治国是党领导人民治理国家的基本方式，三者统一于我国社会主义民主政治伟大实践之中。这种制度安排既保证了人民参与对社会一切事务治理的统一性和稳定性，也保证了人民意愿实现的广泛性和真实性，还保证了国家治理体系的有序性和规范性。

中国共产党的领导是中国特色社会主义最本质的特征，是中国特色社会主义制度的最大优势，也是中国国家治理现代化最根本的保证。国家治理体系是由众多子系统构成的复杂系统，这个系统的核心是中国共产党。人大、政府、政协、法院、检察院、军队，各民主党派和无党派人士，各企事业单位，工会、共青团、妇联等群团组织，都要坚持中国共产党领导。对于中国共产党而言，推进国家治理体系和治理能力现代化，就是要使各方面制度更加科学、更加完善，实现党、国家、社会各项事务治理制度化、规范化、程序化，善于运用制度和法律等手段治理国家，提高党科学执政、民主执政、依法执政水平。从历史上看，中国落后挨打的真正根源在于国家组织化程度低于西方。必须依靠现代先锋队政党完成社会统合和政治统一，将人民“组织起来”，争取独立，并在和平中塑造一体多元的中华民族共同体。作为马克思主义政党，中国共产党彰显了“组织起来”的行动特质和强大组织力，并在不同历史境遇中不断调适其组织方式和领导方式。因应改革开放以来体制层面局部“去组织化”，十八大之后我党进行了“再组织化”的战略调适，在多元分化的时代背景下锻造组织权威，维护巩固党的全面领导地位。“再组织化”战略抉择具有鲜明的制度化导向，不仅是组织体自身治道变革的前提，更是完善和发展中国特色社会主义制度的行动先导。

中国国家治理体系致力于健全人民当家作主的制度体系，发展社会主义民主政治。我国社会主义民主是维护人民根本利益的最广泛、最真实、最管用的民主。最广泛就是要让全体人民都能参与，最真实就是必须能真正体现人民的意愿，最管用就是途径畅通、合理高效，而这一切的实现都有赖于健全的制度体系。同时，在选举民主外，还有社会主义协商民主及一系列相关制度安排。有事好商量，众人的事情由众人商量，是人民民主的真谛。协商民主是实现党的领导的重要方式，是我国社会主义民主政治的特有形式和独特优势，正得到广泛、多层、制度化发展，政党协商、人大协商、政府协商、政协协商、人民团体协商、基层协商及社会组织协商统筹推进，以日渐完整的制度程序和参与实践保证人民在日常政治生活中有广泛持续深入参与的权利。民主不是用来摆设的装饰品，而是要用来解决人民要解决的问题。中国共产党的一切执政活动、中华人民共和国的一切治理活动，都要尊重人民主体地位，尊重人民首创精神，拜人民为师，把政治智慧的增长、治国理政本领的增强深深扎根于人民的创造性实践之中，使各方面提出的真知灼见都能运用于治国理政。无论党内民主抑或人民民主，都需践行民主集中制原则。其既是中国共产党的根本组织制度和领导制度，也是中华人民共和国的根本组织制度和领导制度，作为科学、合理、有效率的制度，构成了党和国家最大的制度优势。

依法治国是坚持和发展中国特色社会主义的本质要求和重要保障，是实现国家治理体系和治理能力现代化的必然要求。全面推进依法治国是完善和发展中国特色社会主义制度、推进国家治理体系和治理能力现代化的重要方面。人类社会发展的事实证明，依法治理是最可靠、最稳定的治理。法律是治国理政最大最重要的规矩。推进国家治理体系和治理能力现代化，必须坚持依法治国，为党和国家事业发展提供根本性、全局性、长期性的制度保障。法治体系是国家治理体系的骨干工程，必须加快形成完备的法律规范体系、高效的法治实施体系、严密的法制监督体系、有力的法治保障体系，形成完善的党内法规体系。依法治国是治理国家的基本方略。而能否做到依法治国，关键在于党能否依法执政，各级政府能否依法行政。党和法的关系是政治和法治关系的集中反映。法治当中有政治，没有脱离政治的法治。“党大还是法大”是伪命题，但对各级党政组织、各级领导干部来说，权大还是法大则是真命题。

在中国国家治理体系中，人民代表大会制度至关重要，是保证人民当家作主的根本政治制度。全国人民代表大会是最高国家权力机关，人民代表大会制度是中国特色社会主义制度的重要组成部分，也是支撑中国国家治理体系和治理能力的根本政治制度。此外，还有作为国家基本政治制度的中国共产党领

人民大会堂

导的多党合作和政治协商制度、民族区域自治制度以及基层群众自治制度。人民政协是国家治理体系的重要组成部分，是人民民主得以实现的重要形式。要适应全面深化改革的要求，以改革思维、创新理念、务实举措大力推进履职能力建设，努力在推进国家治理体系和治理能力现代化中发挥更大作用。民族区域自治制度很好地处理了“多元”与“一体”的关系，既有利于少数族群的权益保障，也有利于民族国家的主权捍卫与共同体认同。基层民主制度遍及不同区域与不同属性的组织，是人民依法直接行使民主权利的日常和重要方式。

深化党和国家机构改革是推进国家治理体系和治理能力现代化的一场深刻变革。《深化党和国家机构改革方案》提出了机构改革目标，即构建系统完备、科学规范、运行高效的党和国家机构职能体系。这也是国家治理体系的机构载体和组织基础。国家监察体制改革则是当代中国国家治理体系的重大创新，作为事关全局的重大政治体制改革，国家监察体制改革不仅是推进全面从严治党向纵深发展的重大战略举措，也是全面依法治国的重要组成部分。

随着中国国家治理体系在因时改易中的坚定前行，中国特色社会主义制度的优势、韧性、活力、潜能不断彰显，中国倡导的政治价值观念、社会发展模式、对外政策在国际社会正在产生越来越大的影响力和共鸣，而这不仅意味着我国走出了一条不同于西方国家的成功发展道路，而且形成了一套不同于西方国家的成功制度体系。

政治学研究界一度较少使用“国家治理体系”的提法，但在“国家治理能力”方面，却以“国家能力”为名有着丰厚的理论积累和热烈的学术争论。学者们普遍认为，国家能力是指国家将自己的意志、目标转化为现实的能力。政治社会学家迈克尔·曼区分过两个层面的国家权力。其一是国家的专制权力，即国家精英可以在不必与市民社会各集团进行例行化、制度化讨价还价的前提下自行行动的范围。其二是国家的基础性权力，即国家能力。它指的是国家事实上渗透市民社会，在其统治的领域内有效贯彻其政治决策的能力。根据这两种权力强弱的状况，曼对历史及现实中的国家做了分类，归纳出四种理想类型：一、两种权力均弱型，如西欧中世纪的封建国家；二、强专制权力弱基础性权力型，如中华帝国、罗马帝国等传统帝国；三、弱专制权力强基础性权力型，如西方近代以来的官僚制国家；四、两种权力均强型，20世纪的一些

迈克尔·曼

集权型国家即属于此类。[1] 曼的两分法证明了一种自由主义式的国家理论，亦即国家权力过大将会削弱国家能力，而自由主义式的有限国家、宪政国家、民主国家会增加国家能力。经验证明，国家管制范围与国家能力的确存在一种此消彼长的负相关关系。抛却自由主义民主的意识形态偏见，应当说曼的“国家基础性权力 = 国家能力”的论断颇具启迪意义。王绍光和胡鞍钢在《中国国家能力报告》一书中，将国家能力概括为四种能力，即汲取能力、调控能力、合法化能力与强制能力。在后继研究中，王绍光将迈克尔·曼所言的现代国家的基础性国家权力称为“基础性国家能力”，并进一步细化为八大类，即强制能力、汲取能力、濡化能力、国家认证能力、规管能力、统领能力、再分配能力，以及吸纳和整合能力。上述国家能力分析框架，为当代中国国家治理能力现代化提供了理论灵感和智力支持。

从学理上看，穷国之所以贫穷，不是由于命定的地理因素，也不是因为传统文化作祟。糟糕的政策很可能不是因为执政者愚笨无知，而是特权精英以整体社会利益为代价谋取私利。一个社会若能将经济机会与经济利益开放给更多人分享、

① Michael Mann, *States, War and Capitalism*, Oxford: Blackwell, 1988, pp. 5-9. 转引自李强:《国家能力与国家权力的悖论》，载张静主编《国家与社会》，浙江人民出版社，1998，第 18 页。

致力于保护公民及其经济社会组织的权益，从制度设计和运行上建立高度包容性的国家，就会迈向繁荣富裕。反之，经济利益与政治权力若只由少数特权精英把持，则会板结化为榨取性的国家，则必然走向衰败，即使短期之内出现经济成长，也必定无法持续。数千年全球史说明，制度可往更具广纳性的方向移动，也可能倒退回榨取性的状态，浅层的民主也可能被绑架成为实质的权贵政治。中国国家建设的历史早熟和强国家权力的路径依赖，构成国家“镶嵌自主性”，成为当代中国经济成功发展的一大关键。但强国家传统既有其“明”面，又有其“暗”面，务必保持清醒，避免陷入极化意识形态陷阱，以现实主义的态度来推动发展。而在中国国家治理能力中，上述学理认知集中呈现为十八届三中全会所言的“使市场在资源配置中起决定性作用和更好发挥政府作用”，呈现为十九届五中全会所言的“有为政府 + 有效市场”，也体现在市场经济条件下“集中力量办大事”的能力之中。“集中力量办大事”是法宝，不能丢，但也不可滥用。一定要对何谓“大事”、如何“办事”、哪一层级的政府可“办事”有清晰的厘定，探索建立尊重市场、崇尚法治、以制度和技术创新激发经济社会潜能的“新型举国体制”。

习近平总书记指出：相比国家长治久安、经济社会发展与人民群众的要求，在当今世界日趋激烈的国际竞争下，我国国家治理体系和治理能力还有很多亟待改进之处。而与国家治理体系相比，在提高国家治理能力上要下更大气力。制度执行力、治理能力已经成为影响我国社会主义制度优势充分发挥、党和国家事业顺利发展的重要因素。十八届三中全会通过的《中共中央关于全面深化改革若干重大问题的决定》，从“进一步形成公平竞争的发展环境、进一步增强经济社会发展活力、进一步提高政府效率和效能、进一步实现社会公平正义、进一步促进社会和谐稳定、进一步提高党的领导水平和执政能力”等方面，统筹推进政治、经济、文化、社会、生态文明等各领域体制机制改革，对扎实提升我国国家治理能力做出了全面擘划。例如，“财政是国家治理的基础和重要支柱，科学的财税体制是优化资源配置、维护市场统一、促进社会公平、实现国家长治久安的制度保障。必须完善立法、明确事权、改革税制、稳定税负、透明预算、提高效率，建立现代财政制度，发挥中央和地方两个积极性”。要改进预算管理制度，完善税收制度，建立事权和支出责任相适应的制度。而从“关键少数”的视角观之，应当以提高党的执政能力为重点，尽快把各级干部、各方面管理者的思想政治素质、科学文化素质、工作本领都提高起来，尽快把党和国家机关、企事业单位、人民团体、社会组织等的工作能力都提高起来，国家治理体系才能更加有效运转。

最后还应指出的是：举凡作为执政党的中国共产党的核心领导与驱动作用（特别是执政党的思想建设、作风建设对于国家治理现代化的领导与驱动作用），执政党建设与国家建设的相互嵌入与同向运行，独具特色与效能的决策规则信息机制、宣传机制等，莫不构成了新时代中国特色社会主义国家治理的运行方式，也构成了当代中国国家能力的重要来源。限于篇幅，这里不再赘述。

二、新时代中国特色社会主义国家治理的显著优势

我国国家制度和国家治理体系的显著优势究竟体现在哪些方面？这一问题堪称事关社会主义中国改革发展稳定和长治久安的亟待解答的“大哉问”，全党同志、全国人民乃至世界各国民众，无不翘首以盼对这一问题的权威性解答。党的十九届四中全会是中国共产党人以“中国之制”实现“中国之治”的郑重的政治宣示，坚持和完善“中国之制”是实现富强民主文明和谐美丽的“中国之治”的坚强、可靠和长远保障。在这次全会上，以习近平同志为核心的党中央以强烈的政治担当、巨大的政治勇气、宏阔的政治视野、高超的政治智慧，旗帜鲜明地将中国特色社会主义制度作为当代中国发展进步的根本保证，史无前例地将我国国家制度和国家治理体系的显著优势提炼概括为 13 个主要方面：

（1）坚持党的集中统一领导，坚持党的科学理论，保持政治稳定，确保国家始终沿着社会主义方向前进的显著优势。（2）坚持人民当家作主，发展人民民主，密切联系群众，紧紧依靠人民推动国家发展的显著优势。（3）坚持全面依法治国，建设社会主义法治国家，切实保障社会公平正义和人民权利的显著优势。（4）坚持全国一盘棋，调动各方面积极性，集中力量办大事的显著优势。（5）坚持各民族一律平等，铸牢中华民族共同体意识，实现共同团结奋斗、共同繁荣发展的显著优势。（6）坚持公有制为主体、多种所有制经济共同发展和按劳分配为主体、多种分配方式并存，把社会主义制度和市场经济有机结合起来，不断解放和发展社会生产力的显著优势。（7）坚持共同的理想信念、价值理念、道德观念，弘扬中华优秀传统文化、革命文化、社会主义先进文化，促进全体人民在思想上精神上紧紧团结在一起的显著优势。（8）坚持以人民为中心的发展思想，不断保障和改善民生、增进人民福祉，走共同富裕道路的显著优势。（9）坚持改革创新、与时俱进，善于自我完善、自我发展，使社会始终充满生机活力的显著优势。（10）坚持德才兼备、选贤任能，聚天下英才而用之，培养造就更多更优秀人才的显著优势。（11）坚持党指挥枪，确保人民军队绝对忠诚于党和人民，有力保障国家主权、安全、发展利益的显著优势。（12）坚持“一国两制”，保持香港、澳门长期繁荣稳定，促进祖国和平统一的显著优势。（13）坚持独立自主和对外开放相统一，积极参与全球治理，为构建人类命运共同体不断作出贡献的显著优势。

这些显著优势，是我们坚定中国特色社会主义道路自信、理论自信、制度自信、文化自信的基本依据。[①]

下面，笔者将以新冠肺炎疫情防控治理为例，从治理理论和国际比较中阐发新时代中国特色社会主义国家治理的显著优势。

2020年春，在新冠肺炎疫情防控治理中，中国取得了世所瞩目的重要阶段性成效。党和国家充分发挥制度与治理体系优势，动员组织全国之力，进行了一场可歌可泣的“人民战争”“全面战”和“阻击战”。吾国吾民展现出空前的团结和坚忍，付出了巨大的心力和代价，使得这场“战疫”卓具成效，最终的胜利曙光初现。“战疫”之际，恰逢全面建成小康社会之时。根据2020年2月28日国家统计局发布的《2019年国民经济和社会发展统计公报》，我国经济总量接近100万亿元大关，人均GDP首次突破1万美元，农村贫困人口减少1109万；同时，十九届四中全会宣示的中国国家制度与国家治理体系

① 本书编写组编《中共中央关于坚持和完善中国特色社会主义制度推进国家治理体系和治理能力现代化若干重大问题的决定》，人民出版社，2019，第3-4页。

“坚持全国一盘棋，调动各方面积极性，集中力量办大事”“坚持以人民为中心的发展思想，不断保障和发展民生”“坚持全面依法治国，建设社会主义法治国家，切实保障社会公平正义和人民权利”等显著优势，也在此次“战疫”“大考”中得到了有效而生动的发挥。而上述中国国家治理体系与治理能力的优越性，无疑在重大危机应对中得到进一步试炼和彰显，为“战疫”胜利奠定了雄厚的制度支撑和物质基础。

1973 年，两位管理学者霍斯特·里特尔和梅尔文·韦博尔提出了“棘手”问题和“温驯”问题的区别。[①] 他们认为：后者的特点是利益攸关方就问题的原因和可能的解决办法能够达成广泛共识，适合采用标准的线性决策，亦即首先明确定义问题、之后收集分析相关数据、最终做出最佳决策，当代社会在解决此类“温驯”问题上已经颇为熟稔了。臭氧层破坏及 1987 年蒙特利尔议定书的签订，正是此类“温驯”全球问题治理的典型案例。然而，“棘手”问题却很难解决，因为其具有如下七大特点：

（1）每个“棘手”问题都是独特的和不可比较的；（2）其涉及许多人、许多组织以及社会和自然领域；（3）其原因的范围大且不确定；（4）解决方案组合同样大且不确定；（5）每一

① Horst Rittel & Melvin M.Webber, “Dilemmas in a General Theory of Planning”, *Policy Sciences*, 1973 (4), pp. 155-169.

个解决方案都涉及大量的时间、精力和金钱投入，并且将导致人类行为、生态系统、基础设施和技术的大规模变化；（6）实施任何解决方案都会产生新的问题；（7）由于“棘手”问题往往是难以定义、多方面和长期的，在绝对意义上说“正确”的解决方案是不合适的——最好使用相对术语，例如“更好的”“更有帮助的”和“更广泛接受的”。

同时，里特尔和韦博尔还指出，很多伤害来自试图用解决“温驯”问题的方法，来解决当今复杂社会中存在的“棘手”问题。[①] 毫无疑问，新冠肺炎全球大流行，正属于此类“棘手”问题之列，对其进行“跨国治理的一个紧迫挑战是如何确定解决棘手跨界问题的程序、工具和方法”[②]。

借助近年来一些人类学家及政治学家提出的“文化理论”洞察利益相关者之间相互作用的模式，马尔科·维尔吉曾在多个场合提出和论证解决“棘手”问题之“笨拙解决方案”，

① 参见马尔科·维尔吉：《跨国治理中的棘手问题、复杂笨拙的解决方案和杂乱的制度机构》，载［英］马丁·洛奇、凯·韦格里奇编著：《现代国家解决问题的能力：治理挑战与行政能力》，徐兰飞、王志慧译，中国发展出版社，2019，第206—207页。

② 马尔科·维尔吉：《跨国治理中的棘手问题、复杂笨拙的解决方案和杂乱的制度机构》，载［英］马丁·洛奇、凯·韦格里奇编著：《现代国家解决问题的能力：治理挑战与行政能力》，徐兰飞、王志慧译，中国发展出版社，2019，第208页。

乃是四种理想类型相互作用模式的灵活与创造性的混合。①“每当利益相关者开始解决或讨论一个棘手问题时，在如何界定和解决方面，会出现四种相反的观点”②，同时亦是四种“组织、感知和证明社会关系”的模式：平等主义模式、层级化模式、个体主义模式及宿命论模式。借鉴更为经典时期社会思想家（包括涂尔干、滕尼斯、梅因、韦伯等人）的术语，这四种理想类型的社会组织模式一般也可被称为“生活方式”或“社会团结”③。另外，这四种理想模式的提出，是基于“社会性”的两大基本维度：“网”与“群”。实际上，这两大基本维度直接来自人类学家玛丽·道格拉斯，而这又源于道格拉斯对于社会学大师涂尔干关于社会组织制度性变化的两个维度——社会规制和社会整合的娴熟运用，“这些方式在任何环境里都

① 参见马尔科·维尔吉：《跨国治理中的棘手问题、复杂笨拙的解决方案和杂乱的制度机构》，载［英］马丁·洛奇、凯·韦格里奇编著：《现代国家解决问题的能力：治理挑战与行政能力》，徐兰飞、王志慧译，中国发展出版社，2019，第 205–221 页；参见：Marco Verweij, *Clumsy Solutions for a Wicked World: How to Improve Global Governance*, Basingstoke: Palgrave MacMillan, 2011; Marco Verweij & Michael Thompson, *Clumsy Solutions for a Complex World: Governance, Politics and Plural Perceptions*, New York: Palgrave Macmillan, 2006.

② 马尔科·维尔吉：《跨国治理中的棘手问题、复杂笨拙的解决方案和杂乱的制度机构》，载［英］马丁·洛奇、凯·韦格里奇编著：《现代国家解决问题的能力：治理挑战与行政能力》，徐兰飞、王志慧译，中国发展出版社，2019，第 208 页。

③ Marco Verweij & Michael Thompson, *Clumsy Solutions for a Complex World, Governance, Politics and Plural Perceptions*, New York: Palgrave Macmillan, 2006, pp.2–3.

爱弥尔·涂尔干

使得组织和思想方式具体化，无关乎技术成熟与否或者在某一领域里努力的程度”[①]。“平等主义模式”属于低“网”高“群”，“层级化模式”属于高“网”高“群”，“个体主义模式”属于低“网”低“群”，“宿命论模式”则属于高“网”低“群”。[②]“如果不是基于所有这些生活方式的充分考虑和灵活组合，解决棘手社会问题的集体努力就会失败。……相比之下，更管用、更高效和更公平的解决问题，都是创造性地和灵

① 范可：《玛丽·道格拉斯与她的〈洁净与危险〉（代译序）》，https://www.sohu.com/a/214960764_737767。

② 参见 Marco Verweij & Michael Thompson, *Clumsy Solutions for a Complex World: Governance, Politics and Plural Perceptions*, New York: Palgrave Macmillan, 2006, p.4.

活地结合了所有四个相反的方面。”马尔科·维尔吉所谓的“笨拙”解决方案，实际上只是指其兼采了所有四种相互矛盾的视角，看似“笨拙”（复杂费力）实则有用，亦被称为“聚合理性”。[①]“文化理论”或“多元理性理论”关于治理成功或失败的假设，迄今已经在20多个棘手问题的案例研究中得到了验证。[②]

总体而言，在此次新冠肺炎疫情防控过程中，中国的国内疫情治理取得了世所瞩目（尽管“瞩目”中亦包含了某种“侧目”）的重要阶段性成效。从“文化理论”的视角观之，中国经验在较大程度上契合了此种兼采四种“组织、感知和证明社会关系”模式的“聚合理性”。十九届四中全会宣示的中国国家制度与国家治理体系“坚持全国一盘棋，调动各方面积极性，集中力量办大事”“坚持以人民为中心的发展思想、不断保障和发展民生”“坚持全面依法治国，建设社会主义法治

① 参见马尔科·维尔吉：《跨国治理中的棘手问题、复杂笨拙的解决方案和杂乱的制度机构》，载［英］马丁·洛奇、凯·韦格里奇编著：《现代国家解决问题的能力：治理挑战与行政能力》，徐兰飞、王志慧译，中国发展出版社，2019，第208页。按：中译本错误很多，引用时有所修正。

② 参见马尔科·维尔吉：《跨国治理中的棘手问题、复杂笨拙的解决方案和杂乱的制度机构》，载［英］马丁·洛奇、凯·韦格里奇编著：《现代国家解决问题的能力：治理挑战与行政能力》，徐兰飞、王志慧译，中国发展出版社，2019，第210页；参见Marco Verweij & Michael Thompson, *Clumsy Solutions for a Complex World: Governance, Politics and Plural Perceptions*, New York: Palgrave Macmillan, 2006。

国家，切实保障社会公平正义和人民权利”等显著优势，在此次“战疫”中得到了有效而生动的发挥；“应收尽收”“一方有难八方支援”及“疫情防控的人民战争、全面战与阻击战”，契合了“文化理论”的“平等主义模式”及“层级化模式”。在党中央的集中统一领导下，各地方与私人部门在政策产品与技术产品领域充分发挥自主性和市场竞争优势，特别是“疫情爆发以来，国内新技术企业群体空前介入疫情防控，利用大数据管理、科技算法、远程呈现等技术优势，在病例收集、远程诊疗、分布式管理、保障物资供应链良好运转、对接国际救援资源等方面，发挥了极为重要的作用。技术公司还确保了疫情防控期间全国数亿人口的线上生活和社会平稳运行”[①]，发挥出“文化理论”所谓“个体主义模式”的优长。“宿命论模式”虽然“本质上是一个绝望的建议”[②]，且本质上无关政治信任感，却因前述高“网”（社会规制）低“群”（社会整合）的特质，得以在重大危急关头以某种“无可无不可”的超然淡漠而坚忍的态度，尊重公共权威，便于施政使命的完成，弥补单纯“平等主义模式”及单纯“个体主义模式”的

① 樊鹏：《在战“疫”中看国家治理体系运行得失》，《人民论坛》2020年2月中期。

② 马尔科·维尔吉：《跨国治理中的棘手问题、复杂笨拙的解决方案和杂乱的制度机构》，载［英］马丁·洛奇、凯·韦格里奇编著：《现代国家解决问题的能力：治理挑战与行政能力》，徐兰飞、王志慧译，中国发展出版社，2019，第214页。

低“网”（社会规制）或低组织性。[①]

总之，在当前各国新冠肺炎治理实践的比较分析中，除了老生常谈且依然多见的“政体”因素，人们似乎正日益关注“文化”因素在疫情治理中扮演的重要角色和发挥的重要作用。中国、韩国乃至具有众多华裔的新加坡“大中华儒家文化区”的出色表现，以其相对其他文化区域的突出绩效和鲜明的内在体制多元性，已经有力打击并超越了简单的“政体决定论”甚至“政体优劣论”框架，凸显了“文化”因素在重大公共危机解决条件中的权重。但是，一国选择什么样的治理体系，是由其历史传承、文化传统、经济社会发展水平决定的，是由其人民决定的。我国今天的国家治理体系，是在我国历史传承、文化传统、经济社会发展的基础上长期发展、渐进改进、内生性演化的结果，是一套不同于西方国家的成功制度体系。“我国的实践向世界说明了一个道理：治理一个国家，推动一个国家实现现代化，并不只有西方制度模式这一条道，各国完全可以走出自己的道路来。可以说，我们用事实宣告了‘历史终结论’的破产，宣告了各国最终都要以西方制度模式为归宿的单

① 参见 Marco Verweij & Michael Thompson, *Clumsy Solutions for a Complex World, Governance, Politics and Plural Perceptions*, New York: Palgrave Macmillan, 2006, p. 7.

线式历史观的破产。”[①] 在此次疫情治理中，诸如“作为自由反题的自律”“作为民主反题的协作”“作为个人主义文化反题的集体主义文化”，甚至中央与地方、政府与民间的“统分结合、一体多元”，以及国家力量在重大危机与常态中的“收放自如、进退裕如”，无不体现出强韧的传统国家治理思想、制度与组织基因。而放眼全球，无论主权国家之内的疫情治理抑或跨越国界的全球疫情治理，莫不深陷科技供给乏力、治理工具缺失甚至社会局势紊乱、政治偏见横行的次生危机之中，施治无方与泄愤有术齐飞，国内失控与全球失序共色。当此时也，中国人断不能“抛却自家无尽藏，沿门持钵效贫儿”[②]，而应该以更强的国家治理自信，在做好本国国家治理的同时恪尽全球治理责任，为人类命运共同体的全球治理观贡献敬天爱民、正德厚生、中和位育、博施济众等智慧，超越基于原子式个人主义的世界主义论与基于社群主义的国族至上论。

总之，今天的中国正经历着历史上最为广泛而深刻的变革，这是一个需要理论而且一定能够产生理论的时代，这是一个需要思想而且一定能够产生思想的时代。系统总结以习近平同志为核心的党中央关于国家治理的重要论述，对古代中国国

①《习近平：治国理政，必须“立治有体，施治有序”》，人民网，http://theory.people.com.cn/n1/2017/1012/c40531-29583383.html，2021 年 6 月 7 日。

② 王阳明：《咏良知四首示诸生》其四。

家治理的历史、体系、能力与思想进行梳理，是构建国家治理知识体系的题中应有之义。实践已经证明并将进一步证明：治理国家，最可靠也最管用的是制度；而只有扎根本国土壤、汲取充沛养分、发挥强大效能的制度，才最可靠，也最管用。人心向背、力量对比是决定党和人民事业成败的关键，是最大的政治。要治理中国，“大必然有大的难处”；治理好中国，“大就要有大的样子”。制度的“可靠”“管用”“行得通、有生命力、有效率”，归根结底有赖实践的证成，但也亟待将此种被实践证明了和证明着的制度优势，切实内化为全体国民的主观认识与集体共识，构筑起真正强韧、深厚而长远的国家治理自信。

参考文献

一、著作

[1][美]阿尔伯特·克雷格.哈佛极简中国史(修订珍藏版)[M].李阳,译.北京:中信出版社,2019.

[2][美]埃尔曼·塞维斯.国家与文明的起源:文化演进的过程[M].龚辛,郭璐莎,陈力子,译.陈淳,审校.上海:上海古籍出版社,2019.

[3](东汉)班固撰,颜师古注.汉书[M].北京:中华书局,1962.

[4]本书编写组.中共中央关于坚持和完善中国特色社会主义制度、推进国家治理体系和治理能力现代化若干重大问题的决定辅导读本[M].北京:人民出版社,2019.

[5][英]布伦达·拉尔夫·刘易斯.君主制的历史[M].荣予,方力维,译.北京:生活·读书·新知三联书店,2007.

［6］陈寅恪．魏晋南北朝史讲演录［M］．合肥：黄山书社，1987.

［7］丛日云．西方政治文化传统［M］．长春：吉林出版集团有限责任公司，2007.

［8］［美］戴维·蓝普顿．中国力量的三面：军力、财力和智力［M］．姚芸竹，译．北京：新华出版社，2009.

［9］邓小平．邓小平文选［M］．北京：人民出版社，1993.

［10］（唐）杜佑．通典［M］．北京：中华书局，1984.

［11］杜正胜．编户齐民：传统政治社会结构之形成［M］．台北：联经出版事业公司，1990.

［12］杜正胜．古代社会与国家［M］．台北：允晨文化实业公司，1991.

［13］杜正胜．周代城邦［M］．台北：联经出版事业公司，2018.

［14］［美］费正清．费正清论中国·中国新史［M］．台北：正中书局，1994.

［15］冯天瑜．“封建”考论［M］．武汉：湖北人民出版社，2018.

［16］复旦大学思想史研究中心、修远基金会研究中心编写．中华文明通论（精编版）［M］．中央社会主义学院、上海科技大学中华文明教育项目专用讲义，2016.

[17] 傅以渐，曹本荣 . 易经通注 [M]. 北京：中华书局，1985.

[18]（汉）高诱注，（清）毕沅校 . 吕氏春秋 [M]. 上海：上海古籍出版社，2014.

[19] 顾颉刚，史念海 . 中国疆域沿革史 [M]. 北京：商务印书馆，1999.

[20]（明）顾炎武 . 顾亭林诗文集 [M]. 北京：中华书局，1959.

[21] 郭永秉 . 九个汉字里的中国 [M]. 上海：上海文艺出版社，2019.

[22] 国家教委高校社会科学发展研究中心组织编写 . 中外历史问题八人谈 [M]. 北京：中共中央党校出版社，1998.

[23] 侯旭东 . 什么是日常统治史 [M]. 北京：生活·读书·新知三联书店，2020.

[24] 胡川安 . 重新思考皇帝：从秦始皇到末代皇帝 [M]. 台北：时报文化出版企业股份公司，2019.

[25] 胡国亨 . 胡国亨文集（文化学卷）[M]. 兰州：兰州大学出版社，2001.

[26]（清）黄元吉 . 道德经注释 [M]. 蒋门马，校注 . 北京：中华书局，2012.

[27] 江宜桦 . 自由民主的理路 [M]. 北京：新星出版社，

2006.

［28］姜文奎．中国历代政制考［M］．台北：南天书局有限公司，2018.

［29］金兆梓．尚书诠译［M］．北京：中华书局，2010.

［30］孔新峰．从自然之人到公民：霍布斯政治思想新诠［M］．北京：国家行政学院出版社，2009.

［31］李峰．早期中国社会和文化史概论［M］．台北：台湾大学出版中心，2020.

［32］李开元．汉帝国的建立与刘邦集团：军功受益阶层研究［M］．北京：生活·读书·新知三联书店，2000.

［33］李零．司马法译注［M］．石家庄：河北人民出版社，1992.

［34］李零．文明的密码：跟着考古学家穿越中国历史［M］．香港：中和出版有限公司，2021.

［35］李梦生．左传译注［M］．上海：上海古籍出版社，2004.

［36］梁启超．饮冰室合集［M］．北京：中华书局，2015.

［37］梁漱溟．中国文化要义［M］．上海：上海人民出版社，2011.

［38］廖宜方．王权的祭典：传统中国的帝王崇拜［M］．台北：台湾大学出版中心，2020.

［39］［美］列文森．儒教中国及其现代命运［M］．郑大华，任菁，译．北京：中国社会科学出版社，2000.

［40］林聪舜．儒学与汉帝国意识形态［M］．上海：上海人民出版社，2016.

［41］（汉）刘向．说苑校证［M］．北京：中华书局，1987.

［42］（后晋）刘昫．旧唐书［M］．北京：中华书局，1975.

［43］吕思勉．中国制度史［M］．上海：上海教育出版社，2002.

［44］吕思勉．中国国体制度小史［M］．北京：知识产权出版社，2018.

［45］［英］马丁·洛奇，凯·韦格里奇．现代国家解决问题的能力：治理挑战与行政能力［M］．徐兰飞，王志慧，译．北京：中国发展出版社，2019.

［46］马克垚．古代专制制度考察［M］．北京：北京大学出版社，2017.

［47］［美］迈克尔·布林特．政治文化的谱系［M］．卢春龙，袁倩，译．北京：社会科学文献出版社，2013.

［48］浦薛凤．修养楷模［M］．台北："中央"文物供应社，1978.

［49］浦薛凤．政治文集［M］．台北：台湾商务印书馆，1981.

［50］钱乘旦．西方那一块土：钱乘旦讲西方文化通论［M］．北京：北京大学出版社，2015.

［51］钱穆．中国文化史导论［M］．北京：商务印书馆，1994.

［52］钱穆．中国历代政治得失［M］．北京：生活·读书·新知三联书店，2001.

［53］钱穆．政学私言［M］．北京：九州出版社，2010.

［54］瞿同祖．中国封建社会［M］．上海：上海人民出版社，2003.

［55］萨孟武．儒家政论衍义：先秦儒家政治思想的体系及其演变［M］．台北：东大图书公司，1982.

［56］［英］塞缪尔·芬纳．统治史［M］．王震，马百亮译．上海：华东师范大学出版社，2014.

［57］沈兼士．沈兼士学术论文集［M］．北京：中华书局，1986.

［58］（清）沈垚．落帆楼文集［M］．上海：上海古籍出版社，2010.

［59］沈任远．隋唐政治制度史［M］．台北：台湾商务印书馆，1976.

[60] 沈任远.明清政治制度[M].台北：台湾商务印书馆，1983.

[61][美]史华慈.古代中国的思想世界[M].程钢，译.南京：江苏人民出版社，2004.

[62](宋)司马光，宋史照.资治通鉴释文[M].北京：中华书局，1985.

[63](汉)司马迁.史记[M].北京：线装书局，2014.

[64] 唐明邦.周易评注[M].北京：中华书局，1995.

[65][法]托克维尔.民主在美国[M].秦修明，汤新楣，李宜培，译.台北：左岸文化，2005.

[66](明)王守仁.王文成公全书[M].北京：商务印书馆，2015.

[67](清)魏源.魏源集[M].北京：中华书局，1976.

[68] 习近平.在中央党校建校80周年庆祝大会暨2013年春季学期开学典礼上的讲话[M].北京：人民出版社，2013.

[69](梁)萧统.文选[M].上海：上海古籍出版社，1986.

[70] 许纪霖，宋宏.公共性与公民观[M].南京：江苏人民出版社，2006.

[71] 许纪霖，宋宏.史华慈论中国[M].北京：新星出

版社，2006.

［72］许倬云．中国古代文化的特质［M］．北京：新星出版社，2006.

［73］（汉）荀悦．前汉纪［M］．上海：上海书店出版社，1989.

［74］［古希腊］亚里士多德．政治学［M］．吴寿彭，译．北京：商务印书馆，1997.

［75］阎步克，邢义田，邓小南．多面的制度：跨学科视野下的制度研究［M］．北京：生活·读书·新知三联书店，2021.

［76］燕继荣．中国治理：东方大国的复兴之道［M］．北京：中国人民大学出版社，2017.

［77］杨伯峻．孟子译注［M］．北京：中华书局，2005.

［78］杨伯峻．论语译注［M］．北京：中华书局，2009.

［79］杨光辉．汉唐封爵制度［M］．北京：学苑出版社，2002.

［80］（东汉）应劭．风俗通义校注［M］．王利器，校注．北京：中华书局，1981.

［81］余英时．中国思想传统的现代诠释［M］．台北：联经出版事业公司，1987.

［82］张国刚．治术：周秦汉唐的经世之道［M］．北京：

中华书局，2020.

[83] 张静. 国家与社会 [M]. 杭州：浙江人民出版社，1998.

[84] 张亮采. 中国风俗史 [M]. 北京：中国人民大学出版社，2013.

[85] 章太炎. 太炎文录初编 [M]. 上海：上海书店出版社，1992.

[86] 赵鼎新. 国家、战争与历史发展：前现代中西模式的比较 [M]. 杭州：浙江大学出版社，2015.

[87] 赵鼎新. 东周战争与儒法国家的诞生 [M]. 夏江旗，译. 上海：华东师范大学出版社，2011.

[88] 赵汀阳. 惠此中国：作为一个神性概念的中国 [M]. 北京：中信出版社，2016.

[89] 中共中央马克思恩格斯列宁斯大林著作编译局. 马克思恩格斯选集（第 2 卷）[M]. 北京：人民出版社，2012.

[90] 中共中央文献研究室. 十八大以来重要文献选编（上）[M]. 北京：中央文献出版社，2014.

[91] 中共中央文献研究室. 十八大以来重要文献选编（中）[M]. 北京：中央文献出版社，2016.

[92] 中共中央文献研究室. 习近平关于全面深化改革论述摘编 [M]. 北京：中央文献出版社，2014.

［93］中共中央宣传部．习近平新时代中国特色社会主义思想三十讲［M］．北京：学习出版社，2018.

［94］“中央”研究院历史语言研究所中国上古史编辑委员会．中国上古史待定稿［M］．台北：“中央”研究院历史语言研究所，1985.

［95］周振甫．诗经译注［M］．北京：中华书局，2002.

［96］朱元弼．礼记通注［M］．北京：中华书局，1985.

［97］邹文海．政治学［M］．台北：三民书局，1978.

［98］Farr，James&Hanson，Russell. *Political Innovation and Conceptual Change*［M］. New York：Cambridge University Press，1989.

［99］Gerth，H.& Mills，C Wright. *From Max Weber：Essays in Sociology*［M］. New York：Oxford University Press，1946.

［100］Goodin，Robert. E. Pettit，Philip. *A Companion to Contemporary Political Philosophy*［M］. Oxford：Basil Blackwell，1993.

［101］Pocock，John G. A. *The Machiavellian Moment：Florentine Political Thought and the Atlantic Political Tradition*［M］. Princeton：Princeton University Press，2003.

[102] Redfield, Robert. *Peasant Society and Culture: An Anthropological Approach to Civilization* [M]. Chicago: The University ofChicago Press, 1956.

[103] Tarn, W. W. *Hellenistic Civilization* [M]. London: Plume, 1952.

[104] Verweij, Marco& Thompson, Michael. *Clumsy Solutions for a Complex World, Governance, Politics and Plural Perceptions* [M]. New York: Palgrave Macmillan, 2006.

二、期刊报纸

[1][日]岸本美绪."风俗"与历史观[J].新史学, 2002, 13(03).

[2][日]池田知久.睡虎地《语书》与《淮南子·齐俗》篇——围绕着"风俗"的中央集权和地方分权[J].湖南大学学报(社会科学版), 2013, 27(06).

[3]樊鹏.在战"疫"中看国家治理体系运行得失[J].人民论坛, 2020(06).

[4]孔新峰."家国同构"的家国之理[J].人民论坛, 2020(17).

[5]孔新峰.习近平关于推进国家治理体系和治理能力现

代化重要论述的历史逻辑与科学内涵［J］. 当代世界社会主义问题，2019（01）.

［6］李琪. 中国古代行政中枢的沿革与中央集权制的关系研究［J］. 史学理论研究，1997（04）.

［7］渠敬东. 中国传统社会的双规治理体系：封建与郡县之辩［J］. 社会，2016（02）.

［8］王庆中.《风俗通义》的社会学诠释［J］. 先秦两汉学术，2004（02）.

［9］王晓葵."风俗"概念的近代嬗变［J］. 文化遗产，2010（03）.

［10］王健文. 整齐乡俗与鬼神世界的统一：帝制中国初期的信仰秩序［J］. 成大历史学报，2010.

［11］习近平. 坚持和完善中国特色社会主义制度推进国家治理体系和治理能力现代化［J］. 求是，2020（01）.

［12］习近平. 在纪念马克思诞辰200周年大会上的讲话［J］. 党建，2018（05）.

［13］萧放. 中国传统风俗观的历史研究与当代思考［J］. 北京师范大学学报（社会科学版），2004（06）.

［14］萧延中. 林同奇先生带我研读史华慈［J］. 读书，2015（11）.

［15］阎步克. 传统政体问题续谈［J］. 北京大学学报（哲

学社会科学版)，2017，54(02).

[16][以色列]尤锐.西方的政治学与中国传统政治思想：从忽略到认可？[J].南开学报(哲学社会科学版)，2015(03).

[17] Perkins, Dwight H. “Government as an obstacle to industrialization: the case of nineteenth century China” [J]. *The Journal of Economic History*, 1967(27).

[18] Rittel, Horst & Melvin, M. Webber. “Dilemmas in a General Theory of Planning”[J]. *Policy Sciences*, 1973(4).

[19]邸永君.汉语“文化”一词由来[N].学习时报，2005-07-25.

[20]孔新峰.与其坐而论道，不如起而行之[N].光明日报，2020-9-24.

[21]刘世军.中国政治学研究新时代的到来[N].文汇报，2014-06-30.

[22]习近平.牢记历史经验历史教训历史警示 为国家治理能力现代化提供有益借鉴[N].人民日报，2014-10-14.

[23]习近平.领导干部要读点历史[N].学习时报，2011-09-05.

[24]习近平.习近平致第二十二届国际历史科学大会的

贺信［N］. 人民日报，2015-8-24.

［25］习近平. 在纪念孔子诞辰2565周年国际学术研讨会暨国际儒学联合会第五届会员大会开幕会上的讲话［N］. 人民日报，2014-09-25.